바다로 가는 길목에서

아리수 강가에서 · 8

바다로 가는 길목에서

아리수 강가에서 · 8

초판 1쇄 인쇄 • 2013년 11월 20일

지은이 • 수필사랑양평

펴낸이 • 이승훈

펴낸곳 • 해드림출판사
주　소 • 서울시 영등포구 문래동1가 39번지 센터플러스1004호

전　화 • 02-2612-5552

팩　스 • 02-2688-5568

e-mail • jlee5059@hanmail.net
등록번호 • 제387-2007-000011호

등록일자 • 2007년 5월 4일

* 책값은 표지에 있습니다.

* 잘못된 책은 바꿔 드립니다.

ISBN978-89-93506-99-0

바다로 가는 길목에서

아리수 강가에서 · 8

해드림

펴내는 글

더 넓은 바다로 가는 길목

바람이 제법 서늘해졌습니다.

가을을 밀어내는 바람의 소리에 옷깃을 여밉니다.

아득히 먼 능선 위로 구름을 희롱하듯 흰 꼬리를 매달고 비행기 한대가 날아갑니다. 어디를 향해 날아가는 것일까요, 그 끝에 무엇이 있을까요. 그저 바라볼 뿐 아무것도 알 수는 없습니다. 우리가 걷는 문학의 길 또한 아득하고 멀어도 멈출 수는 없는 것처럼.

왔다가 사라지는 철새들처럼 그렇게 쉽게 왔다가 쉽게 떠나는 문인을 볼 때마다 안타까운 마음입니다. 그러기에 오늘 이 자리를 함께하는 회원 한 분, 한 분이 더 없이 소중하게 느껴집니다. 그 소중한 분들과 더불어 또다시 한 해를 마무리 하며 우리의 역사를 엮었습니다. 우리가 엮은 이 한 권의 책이 '수필사랑양평'이라는 강줄기를 거슬러 더 크고 더 넓은 바다로 나가는 초석이 되기를 희망해 봅니다. 그러기 위해선 더 단단해져야 하고 더 쓰다듬어야 하겠지만 부족하고 미진한 것은 그대로의 아름다움과 순수함이 있다고 믿기에 부끄럼 없이 세상을 향해 펼칩니다.

이 한 권의 책이 우리를 따르는 후대 양평 수필가들에게 미진하나마 작은 밑거름이 되기를 희망해 봅니다.

이제껏 그래왔듯이 앞으로도 계속 서로 격려하며 이끌고 밀어주면서 더 멀리 바라볼 수 있는 미래를 향해 날아봅시다. 지난 일 년간 수고한 모든 분에게 감사와 격려의 박수를 보냅니다. 또한 늘 관심과 격려로 조언을 아끼지 않으신 조용자 선생님, 김종숙 선생님 감사합니다.

나눔 중에 제일 큰 나눔이 자신의 시간을 내어주는 것이라 하였습니다. 바쁜 와중에도 자신의 시간을 쪼개어 '수필사랑양평'을 위해 헌신 봉사해준 박말숙 총무님 진심으로 고맙습니다.

수필사랑양평 회장 김연홍

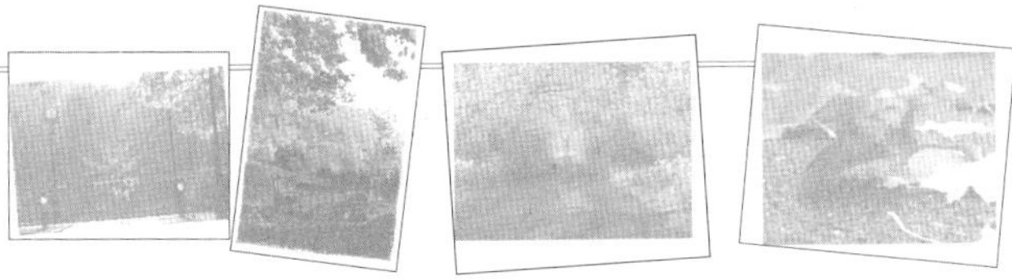

김종숙

윈터 블루스 외 2편

나는요!

30년을 아이들과 학교 울타리 안에 갇혀 살아서인지 철이 들지 않아 인생의 깊은 맛을 모릅니다. 한 갑자 회갑을 넘기고서야 마음의 빗장을 열고 나와 ego를 멈추는 지혜를 조금 터득했죠. 그래도 한편으로는 여전히 일곱 살배기 눈높이로 살기를 부끄러워하지 않기로 합니다.

윈터 블루스

블루스라면 애절한 노래가 먼저 떠오른다.

블루스의 탄생은 서아프리카에서 노예로 팔려 미국으로 이주했던 흑인들이 자신들의 애절한 처지를 노래로 담아 부른 것이 시작이라 한다. 그래서 그 노랫가락에는 설움이 깔려있을 수밖에 없나보다.

윈터 블루스(The Winter Blues),

겨울에 부르는 슬픈 노래인가 싶었지만 예상이 빗나갔다. 겨울 우울증이란다. 이를테면 월요일 오전마다 치러야 하는 우울감을 월요병(The Monday morning blues)이라 하고 교외에 사는 사람들이 걸리는 우울증을 교외병(newtown blues)이라 한다나.

새벽길에 찬비가 몰고 간 낙엽들의 몰락을 본다. 길바닥에 굴러가던 이파리 몇 개를 인질로 잡고 있는 스산한 물웅덩이를 본다.

나도 모르게 발걸음 옮겨 디디며 피식 웃다가 서러움 한 점이 가슴속으로 스며드는 걸 밀어내지 못한다. 어디서 들었던가. 형장으로 끌려가는 사형수도 물웅덩이는 피해 걷는다는…….

죽기를 두려워하지 않는다면서도 서둘러 응급실로 향하는 내 마음이랑 꼭 닮아서 얼굴이 화끈거린다.

아즈위

'넬슨 만델라의 날' 이 있다는 것조차도 몰랐다.

7월 18일은 UN이 정한 넬슨 만델라의 날이자 그의 생일이란다. 그의 나라 남아프리카공화국에서는 이 날을 '67分 사회봉사의 날' 로 기념하며 특별히 67분 동안 나눔의 정신을 실천한다는데 67이란 숫자의 의미 또한 만델라의 상징 중의 하나인 바, 그가 인류의 인권과 평화 증진에 애를 썼던 67년을 기리기 위함이란다.

'아즈위(Azwie)' 는 남아공의 언어로 '희망' 을 뜻하나보다.

1964년, 당시 46세이던 만델라는 인종격리정책을 철폐하기 위해 싸우다 투옥되어 종신형을 선고받는다. 독방에 갇혀 지내는 동안 어머니와 아들을 잃었지만 그는 절망에서 헤어나지 못하는 보통 사람과는 달랐다. 투옥된 지 14년 째 되던 해에 아이를 낳은 큰딸이 손녀의 이름을 지어달라며 그를 찾아왔을 때 이름을 써서 딸의 손에 쥐어준 쪽지에는 '아즈위' 라고 쓰여 있었다.

인디안 속담에 이런 게 있단다. '같은 말을 2만 번 이상 되풀이하면 그것은 현실이 된다.'

어두움 속에서도 생각날 때마다, 그리울 때마다, 온 가족이 '아즈위' 를 부르며 희망의 끈을 놓지 않은 덕분으로 만델라는 석방이 되어 대통령이 되고 나라를 추스르며 쉼 없이 희망을 퍼뜨렸을 것이다. 2013년 7월 18일, 비록 병상에서였지만 그는 95회 생일을 맞았다. 그의 죽음을 예견하고 장례식까지 준비했었지만 그는 보란 듯이 예상을 깨뜨린 것이다.

희망! 마음이나 사랑, 평화, 모두가 손에 잡히는 형체는 없어도 이 세상 구석구석에 살아 숨 쉬며 만물에게 생명을 불어넣는 단어들이다. 생의 허무함에 굴복하여 무뇌증에 걸려 늘려들 때엔 우리, 주문을 외워보자. 입을 열어 '아즈위' '아즈위' '희망' '희망' 을 말해 보자. 열 번, 백 번, 천 번……. 2만 번이 아니면 어떠랴. 가슴에도 머리에도 손 안에도 희망으로 가득 채우자. 그러면 따라오리라. 평화, 사랑, 아름다움이 밝은 빛과 함께 따라오리라.

긴 잠에서 깨어나

어버이날을 챙긴다고 두 아들이 집에 왔다.

식구 네 사람이 다 모이는 날에는 100원짜리 고스톱 판을 벌이는 것이 모처럼만에 즐기는 우리집 특별 메뉴인데 아직은 대낮인지라 분위기상 자리를 펼 시간이 아니어서 제각각의 기호대로 휴식을 취하고 있었다.

딴따라 출신인 둘째는 MP3에 맞추어 기타를 치며 귀신같이 빠른 손놀림으로 알 수도 없는 노래에 빠져있고 책을 좋아하는 첫째는 2층 서재로 올라간다. 오늘도 40년이나 책장에 갇혀 지낸 옛날 책 한 권을 꺼내들고 묵은 종이 냄새와 대작할 모양이다. 세로쓰기로 인쇄된 문장들이 눈에 익숙하지 않아 낡은 세대인 나도 만지기 싫은데 녀석은 뭐가 그리 좋은지 집에 다녀갈 때마다 두세 권씩 들고 가기도 한다.

잠사 서재에 올라갔던 아이가 책 한권을 들고 소리도 없이 내려왔다.

"엄마, 아빠는 왜 이런 데다 이걸 넣어두시지?"

하며 소파에 누워 졸고 있는 나에게 책 사이에서 꺼내든 봉투 하나를 내민다. 자세히 듣지도 않고 나는

"글쎄다. 아빤 늘 그러셔."

하며 무심코 받아넘겼다.

아이들이 주는 용돈은 한 푼도 쓰지 않고 모두 모아 비상금처럼 모처에 넣어놓곤 하므로 그 봉투려니 여겼기 때문이다. '아빠도 참…….' 하며 아이가 다시 이 층으로 올라간 후에 가만 생각해보니 뭔가 이상하다는 생각이 들었다. 남편이 모아둔 그 용돈 봉투는 언제나 1층 옷장 안에 유행지난 양복 주머니를 금고삼아 고이 잠자고 있는데 이 층 서재에서 발견이 되었다면 이는 필시 다른 돈일 것이다. 그러고 보니 누렇게 빛바랜 듯한 봉투 색깔이 뒤늦게 나의 뇌신경을 자극했다. 호기심이 발동한 나는 아이에게 그 봉투를 다시 가져오라 소리를 쳤다.

예상대로 누렇게 변색된 봉투에는 세월의 녹이 슨 남편의 필적이 몇 줄 적혀있고 그 안에는제법 여러 장의 만 원 권 지폐가 들어있었다. 더구나 수표도 한 장 있었는데 자세히 보니 1990년에 서초동 지점에서 발행된 자기앞수표다. 23년 전이라니! 놀랍

기도 하고 신기하기도 하여 한참을 살피다가 지금도 자기앞수표라는 것이 통용되고 있는지 궁금해졌다. 우리 내외가 현직에 있던 그 시절엔 월급으로 그런 것을 받았던 기억이 떠올랐다. 어쩌면 요즘엔 쓰이지 않는 휴지 조각일 지도 모른다는 불안감에 전화기 앞으로 다가가 해당 은행에 물었다. 그런데 돌아온 대답은 의외로 희망적이었다. 아직도 쓰고 있으며 조회도 가능하단다.

아들과 나는 돈 임자가 텃밭에 나가 일하고 있는 틈을 타서 공범자가 되기로 했다. 10만원을 주겠다는 엄마 말에 아들은 흡족해하며 죽을 때까지의 비밀을 보장해주었다. 현재 시세로 따진다면야 동그라미 하나쯤은 더 붙여도 모자랄 제법 큰돈이겠으나 기실 손에 들어온 것은 이자 한 푼도 붙지 않은 푼돈인 것이 아쉬웠다.

그래서인지 그깟 잊힌 몇 십만 원쯤 발견자들끼리 나누어 갖기로 비밀 동맹을 한들 그리 큰 죄는 아니겠다싶은 공감의 눈빛을 교환하며 아들과 나는 재미가 났다.

사나흘이 지나고 양평 읍내에 갈 일이 생겨 문제의 수표와 남편의 도장과 주민등록증을 챙겨 농협을 찾았다. 사연을 간단히 설명하며 자기앞수표를 내밀자 스무 살 갓 넘어 보이는 남자 직원은 신기한 표정을 지으며 동료에게 묻는다. 옆자리의 직원도 이런 거 처음 본다며 웃는다. 그래도 이리저리 살펴가며 친절하게 전화 문의도 하고 조회를 해보더니 난처하다는 표정으로 그 수표에 대한 설명을 한다. 무슨 말인지 이해하려는 생각은 뒤로 미루고 그럼 이건 휴지 조각이나 같으냐고 반문하니 뒷자리에 앉아있던 상사 직원이 나와 덧붙여 하는 말인즉, 그 수표는 이미 소멸 시효가 지나 현금화하는 일에 확신을 할 수 없단다. 그래도 해당 금액을 찾을 수 있도록 최선을 다 하겠다며 몇 가지 필요한 자료들을 준비하고는 내 통장에 입금이 될지도 모르니 일주일 후에 찍어보란다.

그 수표가 긴 잠에서 깨어나 살아나기를 바라며 일주일을 기다리는 동안 슬그머니 남편의 눈치가 보이기 시작했다. 중요한 돈이었을까? 어디에 두었는지 몰라 얼마나 애타게 찾았을까, 아니면 숨겨놓은 사실조차 잊고 있었을까. 하필 그 봉투를 목민심서에 넣어 둔 걸 보면 어디에 두었는지 쉽게 기억하려는 의도가 있었으리라. 한편으로는 뒤늦게나마 그에게 사실대로 털어놓아야 할 것 같기도 하고 반면 이실직고했다가는 만원 한 장 얻기도 힘들지 모른다는 생각 때문에 입이 떨어지지 않았다. 지난 며칠간 내 가방 속에 옮겨둔 그 봉투를 그가 발견할까봐 불안하기도 하였다. 게다가 아이에게 그런 식으로 나눠먹자고 한 장난기도 그저 쉽게 눈감아줄만한 것인지 헷갈렸다. 어쨌든 설마 검은

돈은 아닐 것이란 떳떳함을 방패 삼아 남편에 대한 미안함을 달래기로 했다.

며칠 후, 그 수표는 내 통장에 무사히 입금되었고 나는 남편에게도 아들에게도 말하지 않은 채 그 돈을 가지고 성당을 찾았다. 어차피 숨어있던 것, 적은 돈이지만 누구에겐가 우리보다 요긴하게 쓰일 것이란 결론을 얻었기 때문이다. 아들에게는 내가 먼저 비밀을 깨고 전화를 할 것이지만 남편에게는 말하지 않기로 했다.

먼 훗날에라도 그가 이 글을 읽게 되면 어떤 표정을 지을지 궁금하다. 우선은 '아니, 이럴 수가!' 하고 놀라겠지. 하지만 그는 분명히 선한 웃음을 머금고 '잘 했어!' 라는 말로 나의 마음을 편안하게 해 줄 것이다.

오랜 세월 함께 살아온 노부부의 믿음이라는 게 바로 이런 걸 테니까.

윤난순

더덕 꽃 향기 외 1편

나는요!

2006년에 「문예사조」에 수필로 등단했고요, 2010년 회갑 때 저서 『꽃을 닮은 사람』을 냈습니다. 요즈음 문화관광 해설사와 다도 예절 강사로 열심히 일하고 있습니다. 소나기 마을(황순원 문학관)로 출근해 소임을 다하고 있는데요, 주변 온통 책으로 둘러싸여 행복한 시간을 보내고 있습니다.

더덕 꽃 향기

과꽃, 백일홍, 봉선화 맨드라미가 질서 있게 피어있고 나비와 잠자리가 한가롭게 날고 있는 꽃밭. 어릴 때 친정에서 늘 보았던 풍경이다. 그러나 형편이 따라주지 않는 삶을 살다보니 창밖도 실외라 하여 꽃밭 대신 일년초를 심어놓고 그리움을 달랬던 것이다. 베란다 창문틀에 덧대 선반을 만든 그곳에는 갖가지 식물들이 크고 작은 화분에 심겨져 있다. 거기에서 요즈음, 긴 장마가 내려준 풍부한 빗물을 받아먹고 짙푸르게 자라고 있는 일년초들이 지지대를 휘감으며 소임을 다한다. 열악한 환경에서도 활짝 웃듯, 방긋방긋 피워대는 꽃 때문에 창가에 머무는 시간이 많아진다. 아름다움에 이끌리는 것이 무릇 사람의 마음인지라 아침저녁 그들에게 기울이는 내 정성이 보통이 아니다. 물주기는 물론 덩굴손을 고정시켜주고 잡초도 잽싸게 뽑아버린다. 저 식물 중, 종 모양의 더덕 꽃이 청량하고 은은한 소리를 낼 것만 같다.

작년 여름 어느 날이었다. 옥상에 널었던 빨래를 걷어들고 오는데 어디선가 낯익은 향기가 스쳐갔다. 그 향기를 따라 몇 걸음 내려가자 열린 문 사이로 위층 집 주인이 반긴다.

"원 이상한 일도 다 있지요. 심지도 않은 더덕이 싹이 나고 꽃이 피네요."

들여다보았더니 건강하게 잘 자란 더덕들이 군데군데 녹색 꽃망울을 맺고 몇 개는 끝으로 자주 빛 속살을 밀어내며 개화하는 중이었다. '아!' 감탄과 함께 기억 속에서 가만히 속삭이는 소리가 새어 나올 것 같아 서둘러 내려왔다. 집안으로 들어와 참았던 그 소리를 꺼내 몇 번을 되뇌었다. '남의 둥지에 알을 낳아 놓은 뻐꾸기는 제 새끼를 바라보며 무슨 생각을 할까. 뿌듯해 할까 아니면 아쉬워할까.'

일구고 가꿀 땅 한 뙈기 없는 나는 봄이면 산과 들을 헤맨다. 나물을 캐거나 뜯으면서 흙을 마음껏 만지는데 전생에 농사꾼이었으리라는 놀림을 받으면서도 꼭 행하는 취미 생활이다. 겨울의 등을 떠밀어 보내고 답답한 방안에서 빠져나와 산책을 가면, 양지쪽에 새싹이 미소를 보낸다. 눈꺼풀에 씌었던 잿빛 세상이 벗겨지고 연두색 예쁜 빛깔에 눈을 씻는 순간 내손에는 벌써부터 호미가 들려 있다. 추위를 이겨낸 냉이가 땅의 빛깔을 띤 채 자취를 들어내고 미나리 숱 많은 뿌리가 입맛을 찾아준다. 바쁜 일정을 쪼갠 나물 캐기의 즐거움은 봄날 짧은 해가 원망스러울 정도다. 봄은 해만 짧을 뿐 아니라 다른 계절처럼 오래 머무르지도 않는다. 어느덧 신록이 짙어진 깊은 산 수풀 속을 뒤지면 두릅, 참나물, 취나물, 고사리 등 갖가지 무공해 산나물이 지천이다. 살짝 건드리기만 해도 쌉쌀한 향기를 뿜어내는 더덕을 찾아 자세히 살피면 줄기마다 칸칸이 네 개의 잎이 달려있다. '사엽당삼' 이라는 또 다른 이름을 가졌지만 약효도 많고 워낙 귀한 것이다. 산삼은 아니더라도 더덕을 발견하면 흥이 나서 '심봤다!' 하고 외친다. 깊게 파 들어가면 튼실한 뿌리가 드러나고 어쩌다 살짝 다치기라도 하면 희뿌연 액체가 끈적끈적하게 배어나온다. 한 뿌리만으로는 만족하지 못해 근처를 살펴보면 반드시 새끼들이 있다. 무성한 이파리에 속아 어린애 손가락만한 뿌리를 만났을 때 다시 심어놓았어야 했다. 그러나 나물 한 잎을 따기 위해 험한 산비탈을 오르내리다 보면 아무리 작은 것이라도 쉽게 포기가 안 되었다. 집에 와서 나물 보따리를 풀어놓고서야 캐지 말았어야 할 어린것들에게 미안해진다.

재작년 봄이었다. 나물을 다듬다 발견한 애기더덕. 어떻게 할까 고민하다가 창 밖에 화분이 눈에 띄었으나 이미 나팔꽃 새싹이 소복이 고개를 내밀고 있었다. 많은 생각의 틈새로 문득 윗집 베란다가 떠올랐다. 늘 문을 열어놓고 사는 그 집을 들여다 보면 스티로폼 박스에 흙을 담아놓고 고추나 토마토를 심는다. 그러나 실내다 보니 열매가 잘 맺지 않아 그대로 방치해 놓은 지 오래다. 그렇다면 올라가서 사정을 이야기하고 그 박스를 얻어 볼까? 생각이 미치자 바로 실행에 들어가기 위해 위층으로 올라갔다. 역시 집안에는 아무도 없고 한동안 기다려도 들어올 기미가 없다. 그냥 내려오기도 그렇고 설마 욕이야 하랴 싶어 얼떨결에 가지고 간 더덕을 심는데 무언지 모를 뾰족한 싹이 두 어 개 있었다. 그러나 뻐꾸기가 제 새끼를 안치하기 위해 숙주새의 알을 내던져 버리듯 가차 없이 뽑아버렸다 그리고 까맣게 잊어버렸던 것이다.

그 후 1년이 지난 작년 봄은 유난히 변덕스러운 날씨 때문에 가끔 산을 찾았으나 별 소득 없이 지냈다. 일에 떠밀려 휴가는 생각도 못했던 여름날. 화초 선반에는 뜸해진 내 손길을 비웃듯 화초들이 사라지고 풀만 무성하다. 거실에 누워 창밖을 바라보는데 자꾸 위층에 있는 더덕 꽃이 눈에 밟혔다. 일찍이 뿌리와 이파리에 향기를 나누어주고 제 몸의 색깔로 고개 숙여 피어난 꽃은, 마치 산골 처녀 같은 수줍고도 투박한 매력이 있다. 시들 때까지 세찬 비바람에도 꽃잎을 다물지 않는다는 배려의 꽃. 그 이유로 우기에 다른 꽃들의 괄시를 받던 벌들이 모여 넉넉한 사랑을 나눈다 하지 않던가. 그 꽃을 곁에 두고 볼 수 있으면 얼마나 좋을까. 숙주새 품에서 다 자란 새끼를 빼앗아 오듯, 염치없는 뻐꾸기처럼 맑고 고운 목소리로 달라 하고 싶었다. 그러나 남의 영역에 몰래 심어놓고 훔쳐보는 내 양심의 눈길을 아는지 모르는지 항상 겸손한 모습으로 땅을 향하여 꽃을 피우고 있었다. 키워줌에 대한 감사의 표시로 군락을 이루며.

올 봄 산행에서 또 아기 더덕을 데려오게 되었다. 그러나 이번에는 고민하지 않았다. 창 밖 텃밭에는 거름을 섞은 새 흙이 새 생명을 받아 안을 준비를 하고 있었던 것이다.

장마가 걷힌 하늘이 유난히 맑고 텃밭의 아름다움은 신사임당의 초충도가 부럽지 않다. 채송화 꽃이 피었다지고 둥근 잎 유홍초가 앙증맞은 소리로 낮잠을 깨우더니 더덕 꽃 방울이 귀여움을 토해내고 있다.

*필자는 입산이 허용된 지인의 산에서 산나물을 소량 채취했음.

여성 대통령의 홍룡포(紅龍袍)

제18대 대통령 취임식 날. 매스컴에서는 대통령 의상에 대해서도 언급하고 있었다. 우리나라 최초의 여성 대통령이다 보니 관심을 가지는 것은 당연한 일일 터. 대통령의 복장은 무언의 메시지를 나타내는 매개체로서 국격과 직결된 것이며 대통령이 입은 옷이 때로는 그 나라의 얼굴이 될 수 있기 때문이리라. 나 역시 호기심이 일고 얼마나 화사한 옷을 입으실지 기대가 된다. 한복일까? 양장일까? 아니면 옛 궁중복 형태의 웅장한 차림일까.

현재 궁중 유물관에 전시되어 있는 궁중복 중에 조선의 마지막 왕. 영친왕이 입었던 홍룡포가 있다. 겉감은 홍색이며 속감은 청색으로서 양의 기운이 생겨나는 한국의 전통색이다. 방위로는 동쪽에 해당하고 만물이 생성하는 봄의 색을 상징하는 푸

큰색과 태양, 불, 피의 색으로 힘과 정열, 애정 적극성을 뜻하는 강렬한 빛깔의 붉은색이다. 우리나라 태극기 문양도 같은 이치이다.

삼성동 사저를 떠나는 대통령에게, 주민들이 작별 인사와 함께 진돗개 두 마리를 선사했다. 독신녀인 대통령의 외로움을 달래주고자 배려하는 마음에서이다. 강아지를 쓰다듬으면서 활짝 웃는데 약간 푸석한 얼굴에 고정된 내 시선이 잠깐 흔들린다. '임기 끝난 후 돌아올 때 뵙자.' 라는 평범한 인사를 나누는 순간, 5년 후 모습이 상상되었기 때문이다. 조금 더 나이든 얼굴이 쓸쓸하게 클로즈업 되어 눈앞을 아른거린다.

첫 행선지 현충원으로 이동해 분향하는 대통령은 검은색 재킷 차림이었다. 검소했지만 경건한 색이고, 쌀쌀한 날씨에 참배하기 좋은 복장이었다.

이 시간 취임식장은, 강남스타일로 한국을 들뜨게 한 싸이의 출연으로 뜨겁게 달구어 지고 있었다. 잠시 후 취임 식장에 나타난 대통령 의상은 너무 평범해 내 기대에 좀 어긋난듯했다. 쑥색 코트에 연보랏빛 머플러. 가슴에는 작은 나비 브로치가 꽂혀 있다. 그러나 살펴볼수록 차분한 이미지다. 쑥색은 한편으로 국방색이라고도 불리고 있어 안보를 의미하는 듯하다. 진보랏빛 나비가 갖는 희망의 메시지와 함께 잘 어울린다. 처음부터 튀지 않는 침착함이 의도된 리더로서의 카리스마를 나타낸 것은 아닐까.

축포가 울리는 동안 거수경례를 한 그의 작은 손바닥이 조금의 떨림도 없다. 깜빡임 없는 눈동자는 비장한 각오와 함께 많은 가능성을 담고 있는 듯 했다. 취임사 '희망의 새 시대를 열겠다.' 라는 첫 연설을 통해 세 가지 정책을 내세운다. '경제 부흥', '국민 행복', '문화 융성' 의 주제로 달변을 토한다. 웅장한 축가 아리랑을 경청한 후 전임 대통령 내외를 배웅하고 광화문으로 향하는 차 위에서 오래토록 손을 흔들었다.

이번 취임식 콘셉트는 1. 경청과 2. 전통문화로 잡고 이를 드러낼 수 있는 표현 방식으로 박 대통령이 직접 제안했다 한다. 첫 번째 식장에서 입었던 의복이 권위와 장엄함을 보여준다면 두 번째 식장에서 입을 전통 의복은 전세계에 알려야하는 자랑스러운 문화이리라.

광화문 복주머니 행사장에서는 짙푸른 빛깔의 치마저고리 위에 금빛 매화꽃 무늬의 붉은색 두루마기를 입은 모습을 볼 수 있었다. 추운 겨울을 이겨낸 매화의 꽃잎처럼 우리에게 봄이 찾아오기를 바라는 마음, 한국의 앞날을 기원하는 옷으로 표현했다 한다. 비로소 나의 기대감은 상상을 뛰어넘어 화면에서 눈을 뗄 수 없었다. 아름다움과 화려함의 극치가 예전에 익숙하게 보았던 퍼스트레이디가 아닌, 진정 대통령답다. 단아하고 여성스럽기보다는 지도자다운 당당함과 기품이 묻어난다. 문득, 조선 시대 왕의 시무복으로 입었던 홍룡포를 현대적으로 디자인 한 것 같다는 생각이 들었다. 옛 임금의 옷에 용이 수놓아진 *보(補)가 있다면 여성 대통령의 붉은 옷에는 매화를 수놓았을 뿐, 나라를 사랑하는 의미는 일맥상통하리라. 붉은 색 기를 받아 무한한 힘이 용솟음치는 옷, 홍룡포는 세종 26년에 착용하기 시작하여 조선 말기까지 사용한 임금의 옷이다. 영친왕이 결혼 한 후 왕비(이방자)와 함께 1922년 귀국하여 순종을 배알할 때 착용했다한다. 조선의 마지막 왕이 입었던 홍룡포의 가치를 되살려본다.

청와대로 입성한 후 곧장 집무실로 올라가 첫 업무를 시작하며 입었던 녹색 정장은 신선함과 신뢰감을 주었다. 늦은 밤 영빈관 외빈 초청 만찬에서 입은 붉은 자줏빛 한복 저고리 깃에는 작은 무궁화 문장이 수놓아 있다. 무궁화는 풍요와 번영을 뜻한다. 낮에 입은 두루마기의 매화꽃을 통해 봄을 기원했다면 저녁에 입은 한복의 무궁화 꽃을 통하여 우리나라의 번영을 기원했으리라.

34년 만에 돌아온 청와대에서 한복을 입고 계단에 올라서는 대통령을 보며 단정하고 우아했던 어머니 육영수 여사를 떠올려본다.

하루의 일정을 마무리하는 대통령은 여전히 아름답다. 이 모습들이 샅샅이 전파를 타고 전 세계에 비추리라. 혹 그 모습에 반한 외국, 어느 나라 노총각 황태자가 있지 않을까. 그리하여 운명적인 로맨스가 이루어지면 정치의 큰 무게를 짊어진 민족의 대표로 때로는 힘겹고 외로운 날. 푸근한 햇살처럼 따듯하게 옆 자리를 지켜줄 수 있을 텐데…….

꿈결처럼 펼쳐보던 상상의 나래를 접고, 5년 후 임기를 마치고 사저로 돌아와서는 누구보다도 행복한 대통령으로 남기를 기도한다.

*흉배(胸背) : 조선 시대 품계나 등위를 가리기 위한 문무백관의 가슴과 등에 붙이는 수장식의 헝겊(임금이나 왕자의 흉배는 보補 라 불린다.)

조용자

저승사자 외 1편

나는요!

봄은 분홍빛으로 좋고
여름은 녹색으로 짙어 좋고
가을은 황금색으로 풍성해서 좋고
하얀 겨울은 그냥 다 내려놓고 깨끗해서 좋습니다.
양평에 와서 사는 게 행복입니다.
수필집 『여보 나 이뻐?』 『웃음노트』가 있어요.

저승사자

나는 저승사자를 본 적이 있다.

중학교에 입학하고 몇 달 후의 일이다. 갑자기 머리가 몹시 아파오며 고개를 숙일 수도 없고 목이 뻣뻣해 지면서 열이 펄펄 나고 토하기 시작했다. 꼭 한 해 전 중학교 3학년이었던 둘째 딸을 잃은 어머니는 아픈 나를 업고 허둥지둥 뛰어가 모든 과를 두루 다 진료하는 인선 의원에 입원을 시켰다. 급성뇌막염이라는 병명이 나왔다. 원장님의 극진한 치료를 받았지만 병은 호전되지 않았고 어려운 형편에 계속 입원해 있을 수 없어 퇴원을 했다.

매일 병원에서 조수가 자전거를 타고 와서 내게 주사를 놓아주고 갔다. 가끔은 사지를 묶어놓고 척추에서 물을 빼내어서 그 물의 색이나 염증 농도를 육안으로 관찰했다. 마취도 시키지 않고 아주 큰 주삿바늘을 척추에 찔러서 뇌 속에서 물을 빼내는 것이다. 그때 당한 고통은 결혼 후 아이를 낳을 때 겪은 아픔보다 더 강했다고 기억한다.

정신이 가물거리던 어느 날 나는 죽음의 문턱까지 갔다. 내가 누어있는 방의 문지방 뒤에 저승사자가 서 있었다. 어머니도 보이지 않았고 아무도 없는 방에 나 홀로 누어있는데 저승사자가 검은 두루마기에 검정 갓을 쓰고 나타났다. 키는 컸고 얼굴은 잘 보이지 않았다. 형체만 보일뿐 아무 말도 하지 않고 나를 내려다보았다.

나는 조용히 눈을 감았다. 그렇게 나는 죽었다. 나풀나풀 하늘을 날아서 어디론가 자꾸만 갔다. 넓은 들판은 평온하게 보이고 기분도 좋고 몸도 가벼워 아픈 곳이 한 군데도 없었다. 죽음은 아주 편안한 것임을 알았다.

주검이 되어 누어있는 나를 발견한 어머니는 한해 전 둘째 딸을 묻으러 갔을 때 불렀던 지게꾼 아저씨를 찾으러 나갔다고 한다. 집에 돌아와 보니 나의 한쪽 무릎이 세워져 있어 나는 다시 입원했고 한 달 후 살아났다. 기운이 없어 걸음도 걷지 못했고 먹지 못해서 피골이 상접해 있었다. 어머니의 손을 잡고 걷는 연습부터 시작해서 차츰 회복해 갔다. 저승사자도 나를 끌고 가지는 못했다.

저승사자는 정말 있는 걸까? 서양의 저승사자는 무슨 옷을 입고 나타날까?

TV에 방영된 '전설 따라 삼천리' 에 가끔 나오는 저승사자도 검은 두루마기를 입고 으스스한 분위기에 어울리게 나타나는걸 보았다.

천둥이 치고 번개가 번쩍인다고 다 벼락을 맞지 않듯이 저승사자가 부르러 왔다고 다 저승으로 가는 게 아니다.

저승사자를 만나고도 60년이란 세월을 살아왔다. 나를 괴롭힌 뇌막염은 걸핏 하면 재발하여 그 후로도 여섯 번이나 앓았다. 저승사자도 감히 나의 생명을 거두어 가지는 못했다. 54세 때 암으로 투병 했을 때도 저승사자는 내 앞에 감히 나타나지 않았다. 친구들은 나를 오뚝이 불사조라고 부른다.

생각해 보니 인간의 생명은 저승사자의 부름에 달린 게 아니라 명(命)에 달렸다고 생각된다. 현대 의학이 발달한 지금은 저승사자도 의술에 떠밀려 힘이 많이 빠졌다는 생각이 든다. 죽음이 없다면 사는 것도 별 재미가 없고 저승사자의 할 일도 없어지지 않을까.

저승사자가 실제로 있기나 한 걸까? 봤다는 사람은 있어도 손을 잡고 따라갔다는 사람 얘기는 듣지 못했다.

저승사자에게 부탁한다. 병을 앓다가 기운을 잃고 가물가물 정신이 혼미해 지는 허약한 사람에게는 제발 나타나지 말아다오. 패악을 저지르는 흉악범이나 패륜아에게 무섭게 눈을 부릅뜨고 나타나 저승으로 데려간다며 호통을 쳐주면 어떻겠니.

오늘날의 저승사자는 누구이며 무엇일까.

검찰총장일까? 돈이나 권력일까?

찜질방에서 부른 노래

새벽 5시면 어김없이 일어나 양평 수영장으로 향한다.

새벽 공기를 가르며 달리노라면 마치 하루를 시작하는 종소리를 들으며 가는 기분이다. 15분 정도 가는 동안 가끔은 아침 해가 떠오르는 희망찬 장관을 볼 때도 있다. 눈부신 일출을 바라보면 온몸에 전율이 흐르면서 오늘도 내가 살아있다는 감사한 마음에 희망이 샘솟기도 한다. 새벽길은 늘 한가롭고 스쳐가는 자연 풍광은 산뜻하고 아름답다.

수영장 입구에 이르면, 멀리 유명산 꼭대기에서 차를 몰고 내려온 회원도 보이고, 자전거에 수영 바구니를 매달고 페달을 밟으며 오는 회원도 있고, 배낭을 메고 이야기를 나누며 걸어오는 부부의 모습도 정다워 보인다.

풀장 입구의 샤워장 옆에는 두 평 남짓한 찜질방이 있다. 그곳에는 6시부터 문을 여는 개장시간보다 미리 온 회원이나 찜질하기를 좋아하는 여자들로 늘 북적거린다.

따뜻한 온돌방에서 스트레칭도 하고, 서로의 등에다 부항도 떠 주며 등도 주물러 주고, 가져온 음료수를 나누어 마시기도 한다. 무릎이 아프고, 다리가 저리고, 어깨가 결리고, 허리통증으로 구부릴 수도 없다고 병 자랑을 늘어놓기도 한다. 세월이라는 수레에 실려 오면서 탈이 난 60대 이상들이나 중년 여성들은 자기 몸의 비만 관리를 위해 오는 이가 대부분이다. 가끔은 살아가는 이야기도 듣는다. 채소 가꾸기나 밑반찬 만드는 법, 감자 캐는 시기나 씨 뿌리는 방법을 알려주기도 한다. 오늘은 매실 효소 담그는 이야기 끝에 하지를 막 지난 밭 마늘이 저장 마늘로는 최고란 이야기도 나왔다. 시간이 얼마나 지났을까 몸에서 땀이 묻어날 때 쯤 누가 불쑥 오늘이 며칠이냐고 물었다.

'6월 25일이잖아. 육이오 남침 전쟁이 일어난 지 63년이 된 날' 누군가의 대답에 그래 맞아! 하는 표정으로 서로 바라보다가 누가 먼저랄 것도 없이 '육이오의 노래'를 부르기 시작했다.

아! 아! 잊으랴 어찌 우리 이 날을
조국을 원수들이 짓밟아 오던 날을

중간 중간 가사가 막힐 때 마다 먼저 기억해 내는 사람이 노래를 이어주면서 함께 부르니 노랫소리가 점점 커졌다.

맨 주먹 붉은 피로 원수를 막아내어
발을 굴러 땅을 치며 의분에 떤 날을

찜질방 밖에서 샤워를 하고 있던 회원들이 노랫소리를 듣고 모여 들었다. 6~70대 어머니들이 주먹을 쥐고 오른팔을 저으며 옛날 그 시절을 떠 올리며 노래를 부른다.

이제야 갚으리 그날의 원수를
쫓기는 적의 무리 쫓고 또 쫓아
이제야 빛 내리 이 나라 이 겨레.

수영장 찜질방에서 6 · 25 노래를 부르니 당시 열 살이었던 내 어린 시절의 기억이 생생하게 떠오른다.

1950년 6월 25일 일요일 새벽. 북한 괴뢰군이 남쪽에다 총부리를 겨누며 쳐 내려 왔다는 사실을 우리는 안다. 육이오가 무슨 날이지? 용문면에 장이 서는 날인가, 유월 월급날인가 라는 엉뚱한 소리를 하며 지금 우리나라가 어떤 지경에 있는지도 모르는 젊은이가 있다니 한심한 노릇이다.

'육이오 남침 전쟁이 일어나 날' 우리나라 역사 이래 최대의 비극이 일어난 날이라고 알고 있어야 한다.

휴전을 한 다음, 폐허가 된 땅에다 재건의 깃발을 높이 세우고 우리도 한번 잘 살아 보자며 땀 흘려 일으켜 세운 대한민국이 아닌가. 먼저 가신 우리 부모들의 고생이 있어 우리는 교육을 받고 어려움을 이겨내는 법도 익히며 잘 성장해서 이만큼 발전된 나라를 이룩해 낸 것이다.

육이오 전쟁을 겪고 폐허가 된 땅에서 배고픈 서러움을 겪고 살아온 우리들이다. 그때 우리나라는 세계에서 가장 못사는 나라였다. 지금은 시설 좋고 물 맑은 실내 수영장에서 아픈 무릎에 물리치료를 한다며 아쿠아로빅을 하고 있다.

찜질방에서 보리 높이 육이오 노래를 부르니 고생만 하다가 이 좋은 세상을 보지 못하고 세상을 떠난 부모님 생각에 가슴이 저려온다. 아직도 태평성대가 아닌 휴전 상태에서 DMZ(비부장지대)를 만들어 놓고 남과 북으로 갈라져 살고 있다. 바다에도 NLL(북방한계선)을 그어 놓고 다투고 비방하며 대립각을 세우며 싸우고 있다.

아! 아! 잊으려 어찌 우리 이날을! 찜질방에서 부른 육이오 노래가 자꾸만 생각난다.

김언홍

거짓말 외 1편

나는요!

글을 쓸 수 있는 재능을 주신 하나님께 감사하며 오늘도 열심히 글 길을 닦습니다.

거짓말

밤늦은 시각, 외등이 졸고 있는 좁은 골목길에서 어머니는 목을 길게 늘이고 아들을 기다렸다. 이제 곧 통금을 알리는 사이렌이 울릴 테고 야경꾼이 딱딱이를 치며 마을을 돌 시간인데 아들은 어디서 무얼 하기에 이리 늦어지는 것일까. 사람의 기척이 끊어진 골목길에 우두커니 서서 자식을 기다리는 어머니는 애가 닳아 입이 바짝바짝 타들어갔다. 한참을 그리 서성대다 체념하고 돌아서려는데 귀에 익은 발걸음 소리가 들려왔다.

가로등 밑에 망연히 서 있는 어머니를 발견한 아들이 걸음을 빨리 해 다가왔다.

"뭐 하러 나와서 기다려요, 기다리기를."

미안한 마음을 감추기라도 하듯 아들이 퉁명스레 말했다. 다가온 아들의 입에선 술 냄새가 풀풀 났다. 평소 술을 좋아하지 않던 아들인데, 순간 홀어머니의 가슴이 철렁 내려앉았다. 무슨 일이 있었느냐며 아들의 손을 꼭 잡고 걱정스레 물었다. 하지만, 아들은 고개를 숙인 채 대답하지 않았다. 심상치 않은 기색을 느낀 어머니는 아들에게 재우쳐 물었다.

"너 분명 무슨 일 있었지? 그렇지?"

어머니의 채근에 아들은 마지못한 듯 입을 열었다.

"실은 요."

"응, 실은 뭐?"

"실은, 월, 월급을."

"월급을?"

"네…… 봉투째 소매치기를……."

아들이 앞섶을 열어 안주머니를 보여주는 순간 어머니는 '어맛!' 소리를 질렀다. 주머니가 면도칼로 예리하게 찢겨 흡사 터져버린 풍선처럼 너덜거렸다. 어머니는 두 다리가 휘청거렸다. 학수고대하며 기다리던 아들의 월급날이었다. 외상 쌀값에, 밀린 수도 요금에, 막힌 하수도도 손을 봐야 하는데. 밀려드는 근심을 애써 떨치며 어머니는 아들을 살폈다.

"다친 데는 없니?"

노모의 부드러운 목소리에 아들은 슬며시 한숨을 내려놓았다.

그 일이 있은 지 얼마 후. 어머니가 장독 틈바구니에서 찾아낸

건 시커멓게 곰팡이가 슨 광목 한 뭉치였다. 두서없이 둘둘 말아 장독 사이에 처박아놓은 그 광목 덩어리는 물에 푹 젖은 대다가 달라붙어 있어서 풀기도 힘이 들었다. 한참만에야 제 모습을 드러낸 덩어리의 실체는 광목으로 만든 아주 커다란 천막이었다. 어찌나 곰팡이가 슬었는지 곰팡내가 진동했다.

"아니 이걸 누가 여기다 처박아 놓았을까. 쯧쯧, 새 천인데 온통 곰팡이가 슬었네! 아까워라."

퇴근하여 돌아온 아들을 붙들고 어머니는 그것이 왜 그곳에 놓여있는지 물었다. 하지만, 아들은 모른다고 고개를 저었다. 대답할 수가 없었던 것이다. 아들은 분명 알고 있는 눈치였다. 대답을 듣지 못한 어머니는 다음날 아들의 친구를 찾아갔다. 아들의 친구는 연이은 다그침에 어쩔 수 없이 실토를 하고 말았다.

6~70년대 까지만 해도 등산 인구는 그리 많지 않았다. 등산용구 또한 군부대 PX에서 흘러나온 것이 대부분으로 남대문 시장이나 방산시장 같은 곳에나 가야 만날 수가 있었다. 산타기를 좋아했던 아들은 주말이면 친구들과 등산 다니는 것이 그 즈음의 낙이었는데 산에서 밤을 지낼 경우 이슬이라도 막아줄 텐트가 필요했다. 하지만, 시장에서 파는 군용 텐트는 구하기도 쉽지 않았을 뿐더러 친구들과 어울려 눕기엔 좁고 불편했다. 그래서 생각해 낸 것이 천막을 직접 만들어야겠다는 생각이었다. 동

대문시장 포목점에서 광목을 필로 끊어다가 수선 집에 부탁하여 천막을 만들었다. 하지만, 말을 타고나니 경마 잡히고 싶더라고, 암벽 오를 때 필요한 자일도 좀 더 긴 것으로 장만하고 싶었고 구형 버너도 성능 좋은 신형으로 바꾸고 싶었다. 이왕 마련하는 길에 겨울 등산에 필수품인 아이젠도 마련하고 스틱도 새로 마련했다. 그래서 이것저것 샀는데 월급봉투가 바닥이 난 것이다. 생각 없이 쓰고 나니 집에서 기다릴 홀어머니가 걱정됐다. 그래서 궁리해 낸 것이 월급봉투 소매치기 사건이었다. 맨 정신으로는 도저히 어머니 얼굴을 대할 용기가 나지 않아 못 먹는 술까지 마시고 왔는데, 아들을 철석같이 믿었던 어머니는 다치지 않은 것만도 다행이라며 위로까지 했다.

거짓말이 들통 난 건 순전히 비 때문이었다. 산에서 한밤중에 비를 만났으니 어찌해볼 도리가 없었다. 방수 처리가 전혀 안 된 광목천막은 밤새도록 비에 흠뻑 젖어 물이 줄줄 흘러내렸다. 집으로 돌아와 햇볕에 펴서 말렸더라면 괜찮았을 것을, 어머니의 꾸중이 무서워 장독 사이에 숨겨놓았으니……. 차라리 눈에 안 띄는 곳에 버리던지. 한여름 땡볕에 비 맞은 텐트가 곰팡이를 배양시켰고 결국은 어머니의 눈에 띄어 들통이 난 것이다. 철없는 아들의 행동에 화가 치민 어머니는 비닐우산의 대나무 살을 모두 떼어내어 아들의 종아리가 시퍼레지도록 매를 들었다. 매를 맞아야 하는 첫 번째 이유가 노모를 속인 죄였으면 두 번째는 너도나도 살기 어려워 허리띠를 졸라매는 힘든 시기에 아까운 광목을 곰팡이를 슬게 하여 내버린 죄였고 그 세 번째가 자신의 잘못된 행동에 친구를 동참시킨 죄였다.

그 후 두 번 다시 어머니를 속이지 않았노라 큰소리치는 남편의 말이 사실인지 거짓인지 확인할 길은 없지만 지금도 장마철만 돌아오면 철없던 그 시절을 떠올리며 허허 웃는다.

빗소리

"와, 비 온다."

비가 온다며 우르르 뛰어가는 아이들 소리에 창밖을 보니 소리 없이 비가 내리고 있다. 건넛집 우사(牛舍) 위로, 너른 논밭 위로 가을비가 추적추적 내리고 있다. 빗속을 뛰어가는 아이들 머리 위로 기억도 아득한 어린 시절이 안개처럼 피어오른다.

내 나이 여덟 살 무렵, 전쟁이 끝나 돌아온 마을엔 각처에서 흘러들어온 낯선 실향민들로 복작거렸다. 낡은 판자로 얼기설기 덧대어 지은 판잣집이 우후죽순처럼 늘어나고 손바닥만 한 마을 공터에서는 하루 종일 아이들 떠드는 소리가 끊이질 않고 들려왔다. 비가 한바탕 퍼붓기라도 하면 머리를 맞대듯 들어앉은 양철 지붕들이 다투기라도 하듯 자지러지는 소리를 질러대었다. 마을에 수도가 들어오기 전까지는 낡은 지붕을 이고 서 있는 동네 우물을 길어다 먹고살았는데 물이 귀하여서인지 아침 저녁으로만 우물의 뚜껑을 열어놓았다. 그 탓에 어머니는 비만 오면 양동이며, 세숫대야며, 함지박에 조금 크다 싶은 양푼까지 일렬종대로 늘어놓고 양철 지붕의 골을 타고 흘러내리는 낙수를 받아 모으곤 하셨는데 그 물에 빨래를 하면 하얗게 빛이 난다고 좋아하셨다.

마을 한쪽에는 병뚜껑을 찍어내는 공장이 있었는데 쓰기 좋게 자른 양철을 기계 밑에 넣고 손잡이를 누르면 철렁하는 소리와 함께 병뚜껑이 찍혀져 나왔다. 그 병뚜껑을 찍어내던 천막 공장은 이웃 금자 언니네 축대 밑에 붙어있었는데 전쟁 중에 부모를 잃고 남매가 외롭게 살고 있는 집이었다. 그 금자 언니의 하나뿐인 오빠는 동대문시장 노점에서 양말 장사를 하였는데 집에 들어오지 않는 날이 많아 아이들은 언니네 집에 모여서 놀다가 잠이 들기도 하였다. 부모가 없는 외로움 때문이었는지 금자 언니는 아이들을 좋아해서, 찬바람이 씽씽 부는 한겨울 밤이면 물컹한 물고구마를 한 소쿠리 쪄서 얼음이 둥둥 뜨는 동치미와 함께 내오곤 했는데, 먹을거리가 흔치 않던 시절이니 먹성 좋은 아이들은 그 맛에라도 모여들기를 좋아하였다.

커다랗게 썬 동치미를 한 쪽씩 집어 들고는 과자를 먹듯 으적으적 씹으며 언니가 들려준 옛날이야기에 밤 깊은 줄도 몰랐던 시절. 아! 그때의 그 동치미 맛을 아직도 나는 잊지 못한다. 그 긴긴 겨울밤 끝도 없이 들려오던 동무들의 도란거림도. 추석이나 설이면 연극도 했다. 이불 홑청을 뜯어 언니네 마루 끝에 장막을 치고 연극도 하였는데 그때 내가 맡았던 역할 중에 담배를 피우는 장면이 있었다. 흉내만 내도 될 것인데 더 잘하려는 욕심에 담배 연기를 들이마시고 눈이 벌게지도록 캑캑대던 기억이 지금도 잊히지 않는다.

언니가 살아있을 때의 겨울이 늘 짧았던 것은 인정 많았던 언니의 넉넉한 마음 때문이 아니었나 싶다. 그 언니가 뚝섬으로 물놀이 갔다가 싸늘한 주검이 되어 돌아온 것은 그녀 나이 열아홉 살 때였다. 준비도 없이 물에 뛰어들었다가 심장마비를 일으켜 사망했다고 했다. 그 사건으로 아이들은 한동안 슬픔에 싸여 지내야만 했었다.

마을 뒤로 야트막한 산이 있는데 서울 시민의 물을 담아두는 저장 탱크가 묻힌 곳이었다. 사람들은 그 산을 가리켜 수도국산이라 불렀는데 물탱크 묻힌 언저리를 빙 둘러 철조망을 치고 사람들의 출입을 통제했다. 이따금 관리하는 사람이 긴 막대기에 끈을 매달아 물 상태를 점검하는 모습이 철조망 너머로 건너다 보였다. 아이들은 그 수도국산 산비탈을 타고 오르내리며 놀았는데 장마철이 끝나고 나면 물에 씻겨 내려간 흙구덩이에서 갓

난아기 시체가 발견이 되곤 하였다. 그런 날이면 마을로 경찰차가 앵앵거리며 달려왔고 산비탈은 구경꾼들로 빽빽하였다.

어린 내 걸음으로 이십 분 남짓한 거리에 밤이면 웃음을 파는 여자들이 골목길에 늘어서서 지나가는 남자들의 옷을 슬며시 끌어당기곤 하였는데 사람들은 그녀들 짓일 거라고 수군거렸다.

의료 시설이 열악하기 짝이 없던 그 시절엔 결핵 환자도 많았다. 우리와 골목을 사이 한 이웃집에도 결핵을 앓는 아주머니가 한 분 살고 있었는데 어느 날 온 마을로 매캐한 냄새가 진동을 하며 맴 돌았다. 그녀가 죽어서 집안에 남아있을지 모르는 결핵균을 쫓아내기 위해 고추를 태우는 것이라고 하였다. 그 결핵균이 우리 집으로 날아오는 건 아닐까 하는 걱정에 방문을 꼭 닫아걸던 기억이 난다.

죽은 그녀에게는 나와 비슷한 또래의 곱상하게 생긴 딸이 있었는데 그 아이는 아침마다 문 앞에 나와서 내가 학교에 가는 것을 지켜보곤 하였다. 매일 나와서 빤히 바라다보고 서 있는 그녀가 보기 싫어서 부엌 뒷문으로 몰래 돌아간 적도 있었다. 나중에 동생을 통해 들은 이야기로는 교복입고 학교 가는 내 모습이 너무 부러워서 그랬노라 는 이야기였다. 그 말을 들은 후부터는 그녀 앞을 지나쳐 가기가 미안해 고개를 돌리고 뛰어가고는 하였다. 지나치게 내성적이던 나는 그녀와 한마디 말도 나눠보지 못한 채 세월이 흘러 버렸는데, 지금은 어디선가 못다 배운 한을 자신의 아이들을 통해 이뤘으리라 생각해본다.

어렵고 힘들었던 시절이라 할지라도 지나간 날들은 늘 그리움으로 다가선다. 흔적이라도 남아있을까 하여 그 마을을 다시 찾아가 보니 옛 모습은 자취 없고 낯선 빌딩들이 서먹한 얼굴로 나를 맞았다. 무엇을 기대하고 찾아간 길이었을까. 가슴을 뭉텅 잘라낸 허탈감으로 발길을 돌리려는데 비가 추적추적 내리기 시작했다. 나도 모르게 발길을 멈추고 귀를 기울여 보았다. 하지만, 그 어디에서도 양철 지붕을 두드리며 자지러지듯 내려앉던 빗소리는 들려오지 않았다. 그건 그냥 지나간 날의 꿈이었을까, 아아! 모두 꿈이었을까. 가슴에도 거리에도 비가 내리던 날, 나는 비를 맞으며 오래도록 그 거리를 서성거렸다.

김융기

뉴욕 에피소드 외 1편

나는요!

양평문협, 수필사랑양평 회원
케이티 문예 회원 /월간 포엠 수필 등단
간밤에 천둥을 치면서 비가 오더니, 아침 해가 뜨니 먼 산 추읍산 허리에 안개가 감겨 있네요.
나는요 노래가사처럼, '네가 있는 세상 살아가는 동안 더 좋은 것은 없을 거야 10월의 어느 멋진 날에'

뉴욕 에피소드

이 지구상에 살고 있는 대부분의 사람들이 한번쯤 가보았으면 하는 곳이 바로 뉴욕시이다.

뉴욕은 영국인 욕(york)이란 사람의 이름을 따서 새로운 욕이란 뜻으로 뉴욕(New York)이라고 했단다. 뉴욕시는 인구 800만으로 5개의 섬 맨해튼(Mahatten), 브롱크스(Bronx), 퀸스(Queens), 브루클린(Brooklyn), 스테튼아일랜드(Staten Island)로 이루어져 있으며, 1626년에 네덜란드 사람 피터 미누이트가 인디언으로부터 6굴겐(미화 24달러)을 주고 샀다.

오늘날 세계의 금융 중심지인 월스트리트(Wall Street)는 인디언의 공격을 막기 위하여 나무로 장벽(Wall)을 설치했던 곳이고, 1931년도에 완공된 엠파이어스테이트(Empire State) 빌딩은 102층 443미터의 높이로 얼마 전 까지만 해도 세계에서 가장 높은 건물로 유명 했으며, 미국 사람들도 생전에 한번 올라가 보지 못하고 생을 마감 하는 사람들이 많다고 했다. 그 옆 34번가에는 한글로 '한국 타운' 으로 표시된 거리에는 한국 식당이 많이 있어 우리의 음식을 미국 한복판에서 마음대로 먹을 수 있고, 한국 상점도 즐비하게 있어 기념품 상점에서 돌아올 때 선물을 사오기도 한다. 동네 이름이 재미난 동네도 있다. 우리 교포가 많이 사는 프러싱(Flushing)은 수세식 화장실에서 물을 내린다는 뜻이다.

뉴욕시에서 서쪽으로 조지워싱턴 다리를 건너면 뉴욕시의 강남과 같은 포트리(Fort Lee) 시가 나온다. 그곳에 한국통신 법인회사가 있어, 미국이 우리나라에 통신 개방을 압박할 때 우리도 대안으로 미국에 진출해서 통신 영업을 시작해 보고자 교두보를 구축한 것이 내가 바로 미국에 간 사유이다. 그런 맥락에서 미국에서 통신 영업을 하여 돈을 벌어 보겠다는 것 이였다. 통신 사업이 주 업무이지만 뉴욕을 찾아오는 출장자를 잘 도와주는 것도 중요한 일이고, 뉴욕시를 관광 시켜주는 것도 빠지지 않고 하는 큰 일이였다.

뉴욕에는 또한 UN이 있어 세계의 대통령은 물론 많은 높은 사람들이 UN에 와서 1897년에 지어진 월돌프아스토리아(Walldorf Astoria) 호텔에 묵게 된다. 호텔 객실(room) 수가

1,410개가 된다니 얼마나 큰지 상상이 안 간다. 이 호텔 이야기를 꺼내면 악몽과 같았던 에피소드가 떠오른다.

'이 사장님의 뉴욕 방문'

한국 통신의 이 사장님이 올랜도에서 쏘아 올리는 무궁화 위성 발사 행사에 참석하기 위하여 뉴욕에 찾아왔다. 난 30여년을 한국 통신에서 근무 했지만 이렇게 사장님을 가까이 보게 될 줄을 누가 알았겠는가? 세계에서 가장 크다는 월돌프아스토리아 호텔에 묵게 숙소를 예약 했는데, 너무 호화롭지 않은 방으로 가격은 활인을 해서 중저가의 방으로 예약을 해 두었다. 그러나 막상 체크인 하고 방을 찾아 가는데도 한참이 걸렸다. 방안에 들어선 이 사장님은 화장실부터 찾았는데, 화장실 문을 열고 들어서는 순간 화장실이 없다고 했다 .너무 값싼 방으로 예약을 하여 화장실이 없나? 엉뚱한 생각도 들었다.

요사이처럼 휴대폰이 발달 되였다면 휴대폰을 꺼내 들고 알아볼 텐데, 그때는 정신없이 프런트를 향해 달려가야만 했다. 얼마 후 되돌아와 보니 호텔방은 평정을 되찾고 조용했다. 하마터면 내 목이 달아 날 뻔한 사건이 발생한 것이었다. 화장실이 없는 것이 아니고 목욕탕을 지나서 그 뒤쪽에 있었다. 화장실이 없는 호텔이 어디 이 세상에 있단 말인가?

'박 부사장님도 뉴욕에 오다'

한국 통신 본사에 근무할 때 나의 본부장님으로 계셨던 분이 부사장으로 승진하여 업무 차 뉴욕에 오게 된 것이다. 내가 뉴욕에 간지 채 일주일도 안 되어서 찾아 온 것이다. 맨허튼의 전화국 부사장들과 회의도 하고 뉴욕의 명소를 안내도 하여야 했다. 내비게이션이 그때 있었다면 길을 찾는데 얼마나 좋았을 것이겠지만, 그 당시는 지도를 보면서 어렵게 JFK공항에 마중을 나가야 했다. 부사장님과 수행원을 차에 태워 공항에서 우리 사무실로 와야 했다. 아직 뉴욕 생활에 익숙하지 않았지만 회사도 군대와 마찬가지로 자기에게 주어진 일은 밤을 세우서라도 맡은 일은 해 내야만 했으므로 매우 긴장 되는 일로 혼자서 일을 해야만 했다.

전에 연수원에서 근무할 때 나의 상사가 들려준 이야기를 난 잊지 않고 있다. 그 상사는 나중에 부사장까지 승진을 하였는데 처음 회사에 입사하여 혼자서 일을 처리 하다가 잘 안 풀리면 화장실에 달려가서 다 큰 어른이 펑펑 울곤 했다고 했다. 나는 그 이야기가 나에게 크게 도움이 되었다. 그날도 차를 손수 운전하여 조지워싱턴 다리를 건너고 고속도로를 몇 번 바꾸어 타서 뉴욕 양키스 야구 구장을 지나 시내를 빠져 나가서 JFK공항에 도착했다. 도로 표시판에는 지명도 표시 되어 있어 표지판과 출구번호(EXIT)를 따라서 운전을 하면 된다.

깜빡하고 출구를 지나치거나, 출구 전에 미리 빠지면 큰 낭패이다. 공항으로 못 가고 엉뚱한 낯선 곳으로 가게 된다. 일행을 사무실에 모시고 와서 저녁을 먹고 반시간 걸리는 호텔로 가야만 되는데 날은 어둡고 비는 주룩 주룩 내려 운전하기에 아주 어려웠다. 차안에 탄 손님들은 15시간의 오랜 비행 여행으로 호텔 가는 길에선 모두 잠들어 있어 호텔로 가는 초행길은 더욱 긴장할 수밖에 없었다. 신경을 써가면서 운전을 했지만 조그맣게 써진 EXIT 번호를 놓치고 말았다. 출구 번호를 한번 놓치면 제자리로 다시 돌아오기는 매우 혼란스럽고 어렵다. 이런 잘못 빠지는 사람들을 위한 디폴트(default)란 길도 별도로 있다.

내가 시골 촌에서 처음 서울 와서 대학교에 다닐 때 길을 잃어버리면 서울역으로 다시 되 돌아가서 처음부터 다시 시작하는 경험이 있었는데 이날도 부사장님을 모시고 길을 놓쳐 사무실로 돌아 와서 다시 시작했다. 그러는 사이에 잠이 깬 손님들이 잘못 가고 있음을 알아 차렸지만 길을 잃어 서울역 가서 다시 시작 하듯 다시 간다고 양해를 구하여 살았다. 이런 실수는 그때가 처음이자 마지막이 되었다. 그날은 어떻게 긴장하고 앞만 보고 운전을 했던지 나도 모르게 내가 집에 와 있었다.

'미남의 실장님을 뉴욕에서 만나다'

한국 통신의 김 실장님이 뉴욕에 오게 되었다. 서울대 출신에다 키도 크고 미남이여서 아주 멋있고 남자다운 한국 통신 제3의 서열에 있는 분이였다. 나와의 만남은 처음이었다. 보통 뉴욕에 출장 오는 분들은 모두 양복도 새로 해 입고 신발도 새로 사 신고 오지만 김 실장님은 아산 병원 고정주영 기념관에서 본 그런 카키색 허름한 코트를 걸치고 신던 신발을 그대로 신고 뉴욕 바닥에 나타났다. 뉴욕의 전화국을 찾아 가는 중 길거리에서 구두 뒤축이 떨어져 나간 것이었다. 참으로 당황스러운 일이 발생 하였다. 구두가 너무 헐었기 때문이었다.

구두를 새로 사 신으면 되겠지만 구두를 사자면 백화점을 가야 만 한다. 그렇다고 우리처럼 길거리에 구두 수선공 쉽게 찾을 수도 없다.

미국에서는 구두 수선이 그리 쉽지 않았다. 회의 참석 할 시간은 다가오는데 난처한 일이 일어난 것이다. 마침 점심시간이 되여 근처 약국에 가서 강력 본드를 하나 사와서 떨어져 나간 실장님의 구두 뒤축을 감쪽같이 붙여 가던 길을 갈 수 있었다. 순간의 임기웅변이 우리를 행복하게 하였다. 헌 구두를 신고 뉴욕에 오는 높은 사람도 있다는 것을 난 보았다.

내가 근무를 마치고 한국에 돌아와서 김 실장님을 서울에서 다시 만났을 때는 서울 본부장으로 와 있었다. 참 반가웠다. 나의 직속상관으로 있었기 때문이었다. 그게 다가 아니었다.

어느 날 본부장님으로부터 전화가 걸려 왔다. 밴쿠버에서 손님이 오는데 미국에서처럼 와서 통역을 좀 해 달라는 것이었다. 서울 본부에는 나보다 영어를 훨씬 잘 하는 유학하고 돌아온 사원도 많았지만 날 불러주어 얼른 답하고 모임 장소인 워커힐에 있는 명월관 한식당으로 달려갔다.

밴쿠버 대학의 여교수 한 분이 와 있었다. 싱글처럼 보이면서 우리 본부장님처럼 키도 크고 매력적인 멋있는 여교수였다. 한식을 같이 하면서 주거나 받거니 화기애애한 이야기가 오고 가도록 즐거운 통역을 했다. 술을 좋아 하시는 김 본부장님은 술도 좀 하셨다.

그 여교수가 헤어지면서 한마디 감정을 표시 하였다. 자기가 이제껏 만난 남자 중에는 제일 멋있는 남자였다고 했다. 내가 통역을 잘 해서 그런지, 아니면 첫 대면에 서로 마음이 통했는지, 그 이후에 더 좋은 관계가 맺어 졌는지? 아직도 궁금하다.

개털 부라더즈

한때 우리의 정치판에 '나는 깃털에 지나지 않고 몸체는 다른 데 있다'는 말이 유행처럼 번졌다. 난 지금 깃털도 몸통도 아닌 개털이 되었다. 나뿐만 아니라 내 주위의 몇 안 되는 친구들도 퇴직 후 모두 개털이 되어 개털 부라더즈가 되었다.

나는 오랫동안 철 밥통과 같았던 한국 통신에서 33년간을 하루 같이 보내고 지난 1999년 설날에 명퇴라는 명예롭지 못한 이름으로 퇴직을 했다. 평생을 한국 통신에서 일하면서 아침에 일어나 밥 먹으면 회사에 출근하고 해가 지면 퇴근하여 저녁 먹고 잤다. TV가 그렇게 많이 보급이 안 되던 시절 일찍 자고 일찍 일어나 회사에 가는 것이 나의 일과였다. 어떤 때는 토·일요일도 없이 일했고 휴가라고는 여름철에 한번 이삼일 정도 보냈다. 몸이 건강해서 병가 한번 내지 않고 30여년을 다람쥐 쳇바퀴 도는 생활을 해 왔다.

자연히 직장에서 만나는 동료 외에는 사회에서 이웃에서 조차도 친구는 한사람도 없었다. 취미 생활도 없었다. 그렇다고 봉급을 많이 타서 잘 사는 것도 아니었다. 봉급타서 쌀 사고 연탄들이면 끝이었다. 그래도 아들 둘을 공부 시켜 장가보낸 것을 보면 처가 무척 살림을 잘 했다고 요사이 와서 나는 처에게 고마움을 느낀다.

노후에 우리 집이 이렇게 잘 살 수 있었던 비결은 무조건 봉급의 3~40%를 저축을 하면서 산 것이다. 퇴직할 때까지 우리는 항상 회사의 공제조합에서 싼 이자 돈을 빌려서 써왔고. 적금을 부어 얼마 안 되는 목돈을 마련하여 부를 쌓았다.

한국통신 대전 연수원에서 교수로 십여 년을 보내고 서울에 다시 올라 왔을 때는 친구라고는 모두 소식이 두절되었고 만날 수 있는 친구는 처의 친구 남편들 뿐 이었다. 내가 만난 처의 친구 남편들은 서로 하는 일은 달랐지만 연령대가 비슷하고 테니스를 치기를 즐겨 하여 수십 년은 테니스를 같이 치면서 우의를 다지고 국·내외 여행도 같이 다녔다.

모두가 사회적으로 높은 지위에 있었고, 재산도 모우고 건강도 좋아 마치 산 정상에 오르듯 얼마 동안은 인생의 최고점에 달하였으나, 가는 세월은 막지 못한다고 정말 눈 깜빡할 사이에 하

산하여 산 밑 동네에서 머물다가 개털이 되고 말았다. 우리가 화려했던 지난날들을 보내고 퇴직하여 개털이 되었지만 행복한 개털이 되었다. 아내를 사랑하기에 재정적인 모든 주권을 처에게 넘겨주고 이제는 빈털털이가 되어 개털이 되었다.

'개털 부라더즈의 맏형, 신 교수'

우리 모임에서 가장 노익장을 자랑하는 우리보다 연령이 5년이나 위인 맏형 격인 신 교수는 오랫동안 대학 강사로 있다가 정교수가 되어 화려한 대학교수로 국립대학에서 봉직하다가 정년퇴직을 하였다.

4명의 여고 동창생에게 붙어 다니던 우리 4명의 남편들은 곰탕집의 진국과 같다고 그 모임의 이름을 '4진국'이라고 했다. 벌써 20여년이 되어 가는데도 그동안 단 한 번도 싸우지 않고 잘 지내왔다. 매달 모이던 모임도 이제는 일 년에 한두 번 봄가을로 만나 건강은 잘 유지 하는지? 점검하는 모임으로 변했다. 모두 평생을 한 직장에서 한 가지 일만하다가 사회에 나와 생활을 한다는 것은 어려운 생활이었다. 퇴직하고 집에 있으면서 청소도 하고 세탁기도 돌리고 라면도 끓여 먹고 설거지도 도와주는 전업 주부처럼 하나하나 빠져 들어가 이제는 발을 뺄 수 없을 정도로 진척이 되었다. 평소 신 교수는 이름난 잉꼬부부로 퇴직하면서 일찌거니 퇴직금을 타서 처에게 다 바치고 용돈은 타서 쓴다고 했다. 대부분 집에서 바둑을 두면서 안방을 차지하며 소일하다가 삼시 세끼를 해결한다니 삼식이라고들 한다. TV를 시청하면서 한번 앉으면 일어 날 줄을 모른다고 하여 '강력본드' 란 별명도 붙여졌다. 요사이는 헬스로 건강을 다지고 있다. 오히려 건강하던 처가 얼마 전에 복부에 혹이 생겨 제거 수술을 했다. 모두들 건강이 조금씩 무너지고 있다. 별수 없이 수선을 잘 해서 살아야겠다.

의정부 명의 지개털'

병원 원장이었던 지개털은 한때 의정부에서 알려진 명의로 명성이 높았고 돈도 많이 모아 탄탄한 재력가였다. 우리 4진국 중에서 가장 젊었는데, 의사란 직업이 스트레스를 많이 받아서 그런지 얼마 전에 세상을 떠난 소설가 최인호 씨처럼 희귀병 침샘암에 걸려 개털 부라더즈 중에서 제일 먼저 큰 사고를 내고 말았다. 경영하던 병원은 사위한데 물려주고 미국으로 건너가 비싼 치료비를 내고 살아서 돌아 왔다. 얼굴에 깊은 상처를 남기고 현직에서 물러났다. 모든 재산과 할 일들을 부인에게 넘겨주고 연금 보험도 타서 주고 얼마 안 되는 용돈을 부인한테 타서 쓴다. 몇 년 전에 이곳 양평 산중에 들어와 사니 돈 쓸 일도 별로 없다. 그저 건강 하나만 생각하고 산속에서 좋은 공기 마시며 채소도 심어 먹으면서 지낸다. 침샘 암은 물러났지만 이번에는 간이 나빠져 간을 이식하라는 의사의 최후통첩을 받았지만 산속에 들어와 지금 건강한 삶을 살고 있다.

나도 위암 초기에 걸려 위를 삼분의 이를 잘라 내고 투병한지 5년이 지나 의사가 이제는 병원에 오지 말라고 얼마 전에 알려 주었다.

4진국 4사람 개털 부라더즈 중 암에 걸렸던 사람이 둘이고 한 사람은 당뇨이니 75%가 지병, 암과 함께 살고 있다.

'상계동 전 구의원 전개털'

한때 상계동 배 밭이 전부 자기네 땅이라고 말하던 전 전 구의원은 중졸의 학력으로 항상 가방끈이 짧다고 했는데 초대 구의원에 당선 되어 영광스러운 구의원을 지냈다.

상계동에서 목욕탕을 경영하면서 잘 살았으나 평생직장을 가지지 않고 개털로 지내다 무리한 건물공사로 빚에 시달리며 가세가 기우러지고 있다. 새로 지은 멋있는 건물이 임대가 잘 안되여 들어오는 수입은 거의 은행 대출 이자로 나가고 수지가 잘 안 맞는 악순환을 겪고 있다. 거기다가 구의원에 당선되느라고 얻은 당뇨까지 발병하여 건강의 위협을 받고 살고 있다. 술을 너무나 사랑하여 우리를 걱정스럽게 하기도 한다. 재벌이 완전 개털이 되었다.

개털 부라더즈는 모든 것을 포기 하고 내려놓고 개털로 건강하게 여생을 보냈으면 하는 것이 우리의 희망이다.

개털 부라더즈 만세이다.

윤상근

이 가을에 외 1편

나는요!

요즈음 감성이 메말라 힘들게 살아요. 좋은 글이 안 나와서요.
일주일에 한 번 수필 공부 모임에 나가는 것에 의미를 두고 있답니다.
쓰기 위해 노력하는 삶이 좋아요.

이 가을에

추석이 지난 지 일주일이나 되었을까. 가을이 익어가는 소리가 들리는 듯싶은 날이다. 드높은 맑은 하늘과 쨍쨍하게 비치는 햇살, 기분 좋은 바람이 살랑대는 오후였다.

초인종 소리에 나가 보니 앞집 엄마다. 문을 열어주니 우리 집 계단을 올라오며 성급하게 묻는다.

"소식 들었어?"

"무슨 소식이요?"

타지에서 온 우리는 마을 사람들과 왕래가 별로 없다.

"안 씨네 초상난 것 몰라?"

"예?!"

왕래는 없지만 길가다 만나면 인사는 열심히 하고 누가 어디 사는지 정도는 알고 있다. 그런데 안 씨네 초상이 났다는 소리에 가슴이 철렁한다. 안 씨 네는 아직 60대 초반인 안 씨와 그 부인, 타지에 나가 있는 자식들이 있는 것으로 알고 있으니 초상이 날만한 집이 아니라서 이다.

"안 씨네 초상이라니, 누가요? 안 씨가?"

그제도 길에서 안 씨를 보았다. 한치 앞을 알 수 없는 것이 사람의 일이라고는 하지만 설마 안 씨가……. 나는 말문이 막힌 채 가슴이 떨리기 시작한다.

우리 마을은 개천을 따라 큰 길이 있고 그 양쪽으로 집들이 나뉘어 있다. 안 씨 네는 우리 집 맞은편에 있는 동네에서 쓰러져 가는 옛날 집에 산다. 그러나 우리 집에서 큰 길로 나가는 사이 넓은 땅에 그 사람이 밭농사를 짓고 있어서 거의 매일 그를 보기도 한다.

밤을 딸 철이 되면 주인이 외지인인 밤나무 산에서 그가 밤을 따서 자루에 메고 나오는 것을 보고, 동네에서 개를 잡는 것은 그의 몫인 듯도 싶은 그런 안 씨였다. 그런데도 가난한 것은 그의 땅이 없어서였는지, 아니면 자식들의 학비를 대기 위해서였는지 모른다.

"안 씨 큰 아들이 죽었대. 처음에는 교통사고인가 했는데 자살을 했다네."

이남 일녀의 자식이 있다는 것은 알고 있었지만 아무도 본 적이 없어서 실감이 나지 않는다. 그렇지만 안 씨 부부를 생각하니 기가 막혔다.

앞집 엄마는 그런 일이 있는 줄도 모르고 이틀 전에 안 씨를 만났을 때 말실수를 했다는 것, 아들이 이번 추석에 와서 회사가 부도가 날지도 모른다고 걱정을 했다는 등의 이야기를 했으나 내게는 잘 들어오지 않는다. 지난봄에 딸 결혼 이야기를 듣고 '그동안 애들 공부 시키느라 힘들었을 텐데 이제는 즐길 일만 남았네요.' 라고 덕담을 했던 일조차 잘못한 듯 미안한 마음이 앞선다.

행복 전도사라고 불렸던 방송인이 자살을 했을 때 많은 사람들은 그녀를 비난했다. 그녀가 고칠 수 없는 병에 걸려 백가지 넘는 고통을 도저히 견디어 낼 수 없다고 자살을 했을 때 나는 그녀를 이해했다. 살만큼 살았다고 생각해서인지 그런 순간이 되면 나도 견디지 못할 것이라는 이해심이 생겼다.

자살이라는 것을 모든 사람이 나쁘다고만 하는데, 나는 죽음의 한 방법으로 자살도 괜찮다는 생각까지 하게 되었다. 말기 암 환자나 치매 노인들을 보면 그렇게 되기 전에 어떤 행동을 해야 하지 않을까라는 생각도 하게 되었다.

이틀 후, 외출할 일이 생겨서 버스를 타려고 집을 나섰다. 논밭 사이로 길을 지나며 스산한 가을 풍경을 바라본다. 곧 가을도 끝나고 겨울이 오리란 생각에 마음이 무겁다. 겨울을 거쳐야 봄이 온다는 것을 알면서도 이미 겨울을 맞은 생명에 대한 생각이 떠나지를 않는다.

버스 정류장 가까이 가는데 한 젊은 여자가 서 있는 것이 눈에 띈다. 시골 정류장이니 누군가가 같이 버스를 기다리는 것이 반갑다.

정류장 부스로 들어서니 한 여인이 의자에 앉아 있는데 놀랍게도 안 씨 부인이었다. 격하게 요동치는 가슴을 진정시키며 그녀에게 목례를 보냈다. 그녀도 아는 체를 하기는 했으나 내 인사를 용납지 않는 무표정에 나는 입도 뻥긋하지 못했다. 내가 '안녕하세요?' 라는 말도 못하는 것을 그녀는 이상하게 여기지 않을까. 손을 붙잡고 눈물을 보여야 할까. 아는 체를 하지 말아야 하는가.

나는 곤혹스럽게 옆자리에 앉았다. 그리고 그녀의 얼굴을 본 순간, 나는 자식을 잃은 어미의 표정을 보았다. 6년 전에 내가 처음 그녀를 보았을 때 나는 그녀의 얼굴이 퍽 곱다고 생각했다. 지난 6년간 그녀의 얼굴은 고운 티가 많이 가셨지만 본 모습은 간직하고 있었다. 그런데 지금 그녀는 내 생각에 개의치 않는, 아니 그럴 수가 없는 그런 표정으로 앉아 있었다. 어딘가 끝없이 추락하는 그런 표정, 참담함으로 가득 찬 표정, 나는 그런 표정을 처음 보았다. 무슨 말인가 해야만 했다.

"따님이세요?" 하고 그녀에게 물었다. 그녀는 마지못해 "네" 하니, 젊은 여자가 "안녕하세요."하고 내게 인사를 한다.

버스가 왔다. 새까맣게 염색한 머리 위 허옇게 들어난 흰 머리를 묶지도 않고 늘어뜨린 그녀의 머리를 만지는 듯 하더니 딸은 배낭과 보퉁이를 들고 나와 함께 버스에 탔다. 그녀도 타는 줄만 알았던 나는 그녀가 말없이 딸을 배웅하는 것을 보면서 버스 앞 빈자리에 앉았다.

자식으로 낳았지만 그 애는 제 인생 제가 살고 간 것이니 너무 상심하지 마세요. 이런 가당치도 않은 말이 위로가 될까. 자식을 잃은 사람에게는 무슨 말이 위로가 될 수 있을까. 무슨 말로 위로를 할 수 있을까.

자살이란 남겨진 사람에게 너무 가혹한 시련이며 상처란 것을 배웠을 뿐이다.

까치 집짓기

우리 집 마루에는 동쪽에 소파가 있다. 그래서 그곳에 앉으면 남쪽 창으로 마당 끝 서쪽에 여섯 그루의 키 큰 나무가 바로 보인다. 축대가 높은 우리 담 밖 서쪽으로 차 한 대가 다닐 수 있는 길이 있고 그 밑으로 다른 집 땅에 심어진 나무가 우리 나무처럼 가깝게 느껴지는 것이다.

소파에 앉으면 계절에 관계없이 제일 먼저 눈에 띄는 나무이기에 관심이 가지 않을 수 없다. 이 집을 짓기 전 땅을 샀을 때에도 주변의 그런 울창한 나무에 반해서 행복해 했던 기억이 있다. 그러나 그것은 자연에 대해 우리가 너무나 무지했던 탓이었다. 이름이 낙엽송(일본 잎갈나무)인 그 나무는 우리나라에서 흔한 나무에 속했으며 보기와 달리 우리에게 해가 되었다. 마당의 서쪽 구석에 만들어 놓은 밭에 김장배추를 심으면 가을바람에 그 잎의 가시가 날려 배추에 켜켜이 박혀서 씻는데 애를 먹이는 것이다.

보기에는 그럴듯한 그 나무가 하등 필요 없는 나무라는 사실이 알려지고 여름에는 그늘만 만든다고 미움을 받아서인지 두 그루의 나무는 윗부분이 잘렸다. 너무 큰 키 때문에 손대기가 어려워서인지 네그루의 나무는 마냥 자라고 있었지만 잎은 눈에 띄게 부실해졌다. 누군가 밑동에 무슨 약물처리를 한 것 같기도 하고 또 늙어서인가 싶기도 했다.

지난겨울 혹독한 추위에 실 같은 가지만 남은 나무 주위를 까치가 오르내리기 시작했다. 우리 집 마당에도 자주 나타나기에 봄이 오려나보다 했다. 그것이 2월 초였다. 그런데 며칠 후 제일 큰 나무 위 줄기와 가지 사이에 작은 나뭇가지가 얹히기 시작했다. '까치가 집을 짓기 시작했어.' 라는 남편의 말에 나는 겨우 사태를 파악할 수 있었다. 그리고 그 뒤로 까치의 움직임을 자세히 관찰하게 되었다.

그날 이후 부부인 듯싶은 두 마리 까치는 열심히, 너무나 열심히 가지를 주워 나무 위를 오르내리기 시작했다. 다른 나무의 가지를 힘들게 부러뜨려 가지고 올라가기도 하고 자기 몸길이의 두 배도 넘는 긴 나뭇가지를 가지고 올라 가다가 다른 가지에 걸려 애를 쓰다 결국 빼내서 가지고 올라가기도 했다. 두 마리의 까치는 주로 오전에 일을 했다. 집 짓는 일을 보고 있으면 그렇게 힘든 일을 하루 종일 할 수는 없을 것이라는 생각이 절로 났다.

그렇게 보아 그런지 암놈인 듯싶은 한 마리의 배는 볼록하다. 그런 배를 하고 나무 위를 오르는 것을 보니 안쓰럽기도 하고 생명의 존엄성을 느끼게도 되었다. 나는 하루빨리 집을 완성하여 까치가 무거운 몸을 풀기를 고대했다.

2월 말이었던가. 비바람이 사납게 몰아치던 밤을 지새웠다.

이튿날 아침. '까치집이 부서졌네!' 하는 남편의 말에 창밖을 내다보고 나는 가슴이 철렁했다. 반쯤 둥글었던 까치집이 밑이 훤하게 뚫리고 엉성한 가지만 몇 개 남아 있었던 것이다. 어쩌면 좋아. 알을 낳아야 하는 시간이 얼마나 남은 것일까. 어찌 해줄 수도 없는 일에 나는 애가 탔다.

그런데 며칠 후에 까치는 다시 집을 짓기 시작했다. 제일 큰 나무를 버리고 두 번째 키가 큰 나무를 오르내리기 시작한 것이다. 둘레가 제일 굵고 큰 나무에 집을 지었던 것이 너무 욕심을 내었던 것일까. 영영 다른 나무로 가지 않고 옆에 있는 나무로 옮긴 것이 신기하기도 하다.

내 조바심을 아는지 까치는 쉼 없이 가지를 물고 오르내린다. 키는 두 번째로 크지만 굵기는 제일가는 나무로 택한 그들이 불안하다. 바람이 불면 제일 많이 흔들리는 나무를 보며 가슴이 조마조마하다. 이제는 제발 튼튼하게 지어라.

3월 중순쯤 까치집이 완성되었다. 알을 낳고 품어 새끼가 생기는 것을 우리는 볼 수 없다. 그러기 위해서 까치는 그 높은 곳에 집을 짓는 것일지도 모른다.

봄바람이 사납다. 큰 키의 나무들이 좌우로 마구 흔들린다. 가는 나무는 더욱 심하게 춤을 춘다. 저렇게 흔들리는 속에서 알이 부화될 수가 있을까 걱정이다. 불안한 마음으로 바라보다 생각한다. 집을 날려버린 그들이 흔들리는 어려움쯤이야 견뎌내지 않을까, 하고. 그들을 믿어야 한다고, 믿을 수 있다고 다짐한다.

윤만영

함박눈 내리는 날 외 2편

나는요!

황해도 벽성 생으로 올 해 희수를 맞았네요.
이룬 것보다 하고 싶은 것 많은 욕심에
시와 수필을 쓴답시고 천방지축,
가볍게 볼 일은 아닌 것 같은데요
그래도 쓰는 수밖에 없잖아요.

함박눈 내리는 날

함박눈이 소담스럽게 내리네요.

벽난로 앞에 앉아 커피 한 잔 마시며 창 밖 정취에 빠져 드는데 문득 화롯가에 둘러앉은 동생들의 얼굴이 떠오르는 것은 왜일까요. 활짝 핀 목화송이같이 상록수에 쌓이는 눈은 설화로 장관을 이루는데, 눈이 소복이 쌓인 고향의 장독대가 생각이 나고 눈 덮인 초가집이 생각이 납니다.

산천은 정적(靜寂)에 들고 동리(洞里)는 평화롭기만 한데 해주평야 하얀 들판이 눈앞에 펼쳐집니다.

어릴 적 생각이 나네요. 그때나 지금이나 크게 차이가 나지 않는 날씨지만 입는 옷이 부실했던 것만은 사실이었기에 더 춥게 느껴졌을 겁니다. 추운 줄도 모르고 손발을 동동 구르면서도 밖에 나가 뛰놀던 시절이었습니다. 장갑도 없이 맨손으로 고드름

따 양지쪽에 서서 어석어석 깨물어 먹거나 눈사람 만들고 눈싸움 하며 뒹굴고 놀다보면 왜 그렇게 콧물은 나오는지 지금처럼 휴지가 있는 것도 아니고 팔소매로 쓱 문질러 닦으면 소맷자락이 번질번질했지요. 손등은 갈라져 피가 맺혀도 아랑곳하지 않고 재미있게 놀았으니까요.

얼음판에서 썰매를 타고 시간 가는 줄 모르고 손발이 시리면 모닥불을 놓고 손 불을 쬐면서도 즐겁기만 했습니다. 썰매도 열 살이 되기 전부터 직접 만들어 탔습니다. 널빤지 밑에 각목을 브이자로 깎고 홈을 판 다음 굵은 철사를 박아 날을 만들었습니다. 그리고 누가 빨리 달릴 수 있나 내기를 했지요.

그런데 어른들이 만들어준 썰매를 따라잡을 수가 없어 이겨본 적이 없었습니다. 썰매를 잘못 만들었나 싶어 다시 만들기를 반복하다보니 원인을 발견하게 되었습니다. 썰매의 양 날이 정확히 평행선이 되도록 해야 하는데 그렇지 못해 얼음에 닿는 면적이 넓어졌기 때문이라는 것을 알았습니다.

정확하게 평행선을 이루면 방향도 똑바로 나가고 날도 벗겨지지 않아 빨리 달릴 수 있어 친구들이 부러워했고 한번 타 보자는 친구도 생겼을 정도였습니다. 썰매에는 두 종류가 있어 양날 썰매와 외날 썰매로 구분 되는데 말 그대로 날이 두 개 있는 것과 하나인 것의 차이지요. 양날 썰매는 꼬챙이가 두 개지만 외날 썰매는 꼬챙이가 하나지요. 양날 썰매는 주로 앉아서 타지만 외날 썰매는 서서 타는 것입니다. 크기도 외날 썰매는 작습니다. 두 발을 올려놓을 정도의 크기면 되고 꼬챙이는 서서 타기 때문에 키에 맞춰 길게 만듭니다. 외날 썰매 타는 방법은 양 발을 올려 중심을 잡은 다음 꼬챙이를 양발 사이 가랑이에 넣고 얼음을 찍어 누르면 앞으로 가지요. 허리를 굽혔다 폈다가를 반복하는 것이지요. 우물에서 펌프질 하듯 이요. 조금은 운동신경이 발달해야 제대로 탈 수 있는 썰매지요. 두발자전거와 외발자전거의 차이라고 보면 될 것 같습니다.

눈은 그칠 줄 모르고 내리고 있습니다. 나도 모르게 고향으로 돌아가 어린 시절을 회상 해보지만 그 많던 친구들 지금은 어떻게 살고 있을까 그리움만 더할 뿐입니다.

요즘 아이들은 시골에 살아도 나의 어릴 적 놀던 것과는 전혀 다르다는 것을 느낍니다. 벌써 네다섯 살만 되면 혼자서 썰매를 탈 수 있었는데 요즘 아이들은 부모나 형 언니가 같이 타야 되고 밀어주거나 끌어 주어야 하는 것을 보며 옛날 향수를 달랠 수 없습니다. 옷도 옛날 부잣집 아이들보다 더 좋은 옷을 입었는데 추위를 견디지 못하고 인내력도 떨어지는 것 같아 보입니다.

학교 다니랴 학원 가랴 컴퓨터 게임하고 텔레비전 보느라 바쁜 아이들, 한편으론 안쓰럽기까지 한 것은 나 혼자 만의 생각일까요? 마음껏 뛰노는 아이들이 밥투정도 안하고 몸도 건강해 공부도 잘한다는 연구 결과에 따라 필수적으로 운동을 시키는 학교가 늘어난다는 반가운 소식입니다.

겨울방학이 되면 밖에 나가 썰매나 스케이트 또는 스키를 타 보라고 권하고 싶습니다. 어린이의 건강은 곧 국력이라고 합니다. 오늘처럼 함박눈 내리는 날 밖에 나가 눈사람도 만들고 눈싸움도 하며 떼 지어 노는 어린이가 보고 싶습니다. 오늘따라 피어오르는 커피향이 고향의 소여물 끓이는 냄새처럼 구수한 맛을 느끼게 합니다.

반달 숟가락

산허리에 앉아 가을 들녘을 내려다본다.

벼 이삭이 패기 시작하고 황금들녘이라 하기엔 아직 이른 가을 초입이다. 바람결에 흔들리는 푸른 파도가 춤추는 여인의 치맛자락 같다. 천고마비의 계절, 독서의 계절, 남자들이 훌쩍 길 떠나고 싶어진다는 계절. 이런 말들은 넉넉한 가을 들녘으로부터 나온 말일게다.

어릴 적 고향 생각이 난다. 해주평야를 한 눈에 내려다 볼 수 있는 안봉산 자락에 50여 채의 초가집 사이사이 검은 기와집이 섞여있는 안봉동이라는 큰 동네다. 넓은 평야를 터전으로 농사를 지어도 춘궁기에 겪는 보릿고개는 어쩔 수 없는 연례행사처럼 찾아왔다. 흉년이 든 해에는 초근목피로 연명해야 하던 시절도 있었다.

놋숟가락이 닳고 닳아 반달 같은 모양을 한 우리 집 숟가락. 얼마나 많은 세월 감자를 긁어 깠으면 저리 되었을까. 우리 집 뿐만 아니라 친구네 집에도 있었다. 어릴 적에는 몰랐다. 그것이 가난의 상처이고 상징이었다는 것을.

나도 그 숟가락으로 감자를 긁어 깠으니까 잊을 수가 없다. 학교에서 돌아오면 부모님은 들에 나가시고 안계셨지만 누가 시키지도 않았는데 잘 훈련된 아이가 되어 감자를 바가지에 담아 자배기에 담고 물을 부어놓고 다른 그릇엔 물만 담아 나란히 놓고 반달 숟가락으로 감자를 긁어 까기 시작했다. 껍질을 벗긴 감자는 물만 담긴 그릇에 넣었다. 하얗게 벗긴 감자를 물속에 넣는 것은 산화작용을 막아 색이 변하지 않게 한다는 것을 체험으로 깨달았다. 껍질을 벗은 감자가 하나, 둘 모아지고 일이 끝나면 대충 치우고 줄행랑을 쳤다. 어머니가 돌아오시면 어떤 임무가 주어지는지 너무나 잘 알기 때문이다. 동생들 넷을 돌봐야 하기 때문이다. 막내는 업고 나머지 셋을 데리고 놀다 배고파 우는 막내 젖 먹이러 들에 가야하는 고된 일이었다.

그래서 철없는 형이고 오빠인 나는 호된 꾸지람을 각오하고 줄행랑을 치는 것이다. 지금 와서 생각하면 부끄럽지만 어쩔 수 없는 아이에 불과했으니 어쩌랴.

요즘 와서 밥상이란 말은 건강 생각해서 선별된 음식을 차려놓고 먹는 것으로 생각되지만, 옛날 춘궁기의 밥상은 초라하기 짝이 없었다. 풋나물과 감자와 좁쌀 아니면 통밀가루로 차려지는 상이다.

밥에 감자가 들어간 것이 아니라 감자에 밥알이 묻어있다고 해야 맞는 말이다. 때론 쌀알 아니면 좁쌀, 그것도 아니면 통밀가루 범벅이 묻어 있는 것이다.

내 고향 황해도에는 밭에 밀과 조를 심었으며 보리는 심지 않았다. 밀밭 가장자리에 봄보리를 조금 심어 엿기름이나 누룩을 만드는데 사용했으며 절구에 찧어 보리밥을 하면 별식으로 이웃과 나누어 먹었다.

이렇게라도 하루 세끼 배불리 먹었으면 얼마나 좋았으랴, 배고프다고 떼쓰는 자식들을 보며 가슴 아파 하셨을 어머니를 생각하면 가슴이 아려온다.

보릿고개

깊어진 항아리
바가지 바닥 긁는 소리
양지쪽 쑥이 이제 움트기 시작인데

문턱을 나서면 태산 같은 일거리
아이들이 밥 적다고
배꼽 내놓고 어미 얼굴 쳐다볼 때면
한술 크게 떠 자식 주고
물 말아 마시던 어머니의 빈 그릇
철없이 뛰놀다
엄마 치맛자락 붙들고
밥 달라 떼 쓸 때
찢어지는 가슴을 어이 견디셨을까
보리밭 푸른 파도
노고지리 높이 날면
아려오는 사월

그렇게 가난에 힘들어 하실 때에도 조상 모시는 일에는 지극 정성 다 하셨다. 어디서 났는지 하얀 쌀밥에 전 지지고 닭 잡아 탕국 끓여 상에 올렸다. 새벽 닭 울기 전에야 지내는 제사가 끝나고 밥상이 차려지면 어린 자식들은 허겁지겁 밥을 퍼 먹고 닭 다리를 뜯었다.

얼마 만에 먹어보는 이밥에 괴기 국이냐고…….

이제와 뒤돌아보니 얼굴을 들 수 없다. 그렇게 허겁지겁 먹어

대는 자식들 상다리 밑에 놓여있는 닭 뼈를 뜯고 계셨던 어머니 모습이 떠올라 흐르는 눈물을 막을 길 없어 엉엉 소리 내 울고 말았다. 이제와 닭을 잡은들 돼지와 소를 잡은들 드릴 수 있는 길이 없습니다.

열네 살 소년이 고향을 떠난 지 63년. 팔순을 눈앞에 둔 할아버지가 되었다. 손자손녀 앉히고 옛날 얘기도 이젠 또 그 얘기구나 하는 표정에 입 다물고 말았다. 한마디만 더 해보자. 할딱고개 포대능선 타는 젊은이들 힘들다 말마라. 보릿고개 넘어오신 부모님에 비하랴.

정유순

어머니의 능력 외 2편

나는요!

물처럼 되려고 노력합니다.
자연에서 주어진 여건대로 내 모습을 만들어
보자는 것이죠.
풀이 필요로 하면 아름다운 들꽃이 되고
나무가 필요로 하면 탐스러운 열매가 되고…….
어디든 필요로 하는 곳에
내가 있었으면 하고 소망합니다.

어머니의 능력

1950년대 중반 한국전쟁이 끝난 후, 미국의 어느 사회심리학자는 전쟁증후군으로 정신질환을 앓고 있는 환자가 한국의 젊은이는 거의 발생하지 않는데 비해 미국의 젊은이들이 훨씬 더 많다는 사실을 알고 이를 비교분석하기 위해 현지 조사차 한국에 왔으나, 각종 학술자료와 문헌을 조사하여도 그 원인을 밝혀낼 수가 없었다.

그래서 미국으로 돌아가기 전에 여행이나 해 보려고 삼복더위에 자동차를 타고 포장이 안 된 신작로를 달리다 땀을 식힐 겸 그늘이 좋은 도로변에서 간식을 하며 휴식을 취하고 있었다.

이때 지열地熱에 의해 땅에서는 봄날 같은 아지랑이가 피어오르듯 솟아나는 안개 속에 사람 같은 물체가 움직이며 다가오는 모습을 보았다. 가까이 다가올수록 더 괴이한 것은 머리 위에는 자기 덩치만한 물건이 가득찬 광주리를 손도 대지 않은 채 머리에 이고 걸어오고 있었다. 그녀의 등에는 어린애가 포대기에 싸여 입을 반쯤 벌리고 눈이 감긴 머리는 뒤로 젖혀져 있고 손발은 포대기 밖으로 축 처져 있었다.

그는 그녀가 죽은 애의 매장을 하러 가는 줄 알았다고 한다. 말도 통하지 않지만 뭔가 한마디 해 주려고 바짝 다가간 순간 이 아이의 천진난만한 모습으로 잠자는 표정이 마치 천사가 하늘에서 내려와 있는 것 같은 느낌을 받았다고 한다.

그때 그는 무릎을 탁치며 바로 이거다. 한국의 젊은이가 강한 것은 어려서부터 저렇게 불편한 어머니의 등에서 편안함과 안식이 샘물처럼 솟아나는 무한한 사랑을 느끼기 때문에 불굴의 정신력을 가질 수 있는 원동력이 시작되었다고 결론을 얻었다고 한다.

나도 어려서 부모님의 슬하를 떠나 객지에 정착하면서 우리 어머니의 등에서 받은 사랑이 나를 강하게 키워 주지 않았나 생각해 본다. 갓난아이 때 농사 일로 바쁜 와중에도 자신의 등에 들쳐 업고, 머리에 무거운 짐을 이고 들길과 산길로 수없이 다녔을 것이다. 그 당시에 거의 당연한 과정으로 여겼던 홍역이라도 걸리면 삼 십리 길을 멀다 않고 시내 병원으로 달려갔을 것이 눈에 선하다.

그리고 말귀를 알아들을 때부터는 귀가 따갑도록 들어 왔던 적게 먹고 적게 싸라. 지는 게 이기는 것이다. 누구한테도 막말하지 마라. 그리고 자가운전을 시작한 뒤부터는 길을 가도 가운데로만 가라."는 어머니의 이 잔소리가 나를 키워 준 자양분 이었다. 나이가 들어 세상물정을 어느 정도 알 때쯤 되니 세상사는 철학이 이 말씀 속에 다 묻어 있다는 것을 새삼 깨닫게 되었다.

이런 어머니가 저 세상으로 가신지 벌써 10년이 훌쩍 지났다. 추석 때 성묘는 당연하지만 세상사 어렵고 무언가 고민스러울 때마다 고향의 선산을 찾아 부모님 산소에 들르곤 한다. 그럴 때마다 나는 그 소리를 되새기며 참으로 많은 대화를 나눈다. 그러면 가슴에 뭉쳐 있던 것들이 봄눈 녹듯 사르르 속이 확 풀리는 것만 같다.

옛날에는 다 그렇겠지만 우리 어머니는 정식으로 학교교육을 한 번도 받아본 적이 없는 소위 무학자이시다. 열아홉에 시집 오셔서 평생 그 자리에서 농사만 짓고 바깥세상 구경 한번 제대로 해 보신 경험이 없으셨지만 자식에게 건네는 그 한마디는 나의 가슴에 굳건히 자리를 잡고 있다. 돌아가시기 전에 우리 집에 와 계실 때 며느리가 한글을 한자 한자 가리켜 드리면 만면에 웃음을 띠우며 신기하게 읽어보시고 시내 간판을 소리 내어 읽어도 보신다. 이런 어머니의 그 속삭임은 소위 고등교육을 받았다는 이 자식에게 고비마다 힘이 되어 주는 참 능력이었다.

그러나 요즘은 세상이 많아 달라진 것 같다. 언제부턴가 경제적으로 여유로워 지고 핵가족화 되면서 자녀 교육에 경제적 부담을 느껴서인지 출산율이 저조해 졌고, 또한 어머니들의 사회경제활동으로 자녀 돌 볼 시간이 부족해 진 면도 있으나, 옛날같이 주어진 여건 속에서의 진정한 사랑이 아니라 이웃과의 경쟁관계에서 발생하는 과잉사랑으로 아이들이 육체적으로나 정신적으로 약해진 것만 같은 생각이 자꾸 든다. 포대기 대신 값비싼 외제유모차가 등장하는 것도 그렇고 내 아이는 사회의 최고 훌륭한 사람으로 만들어야 한다는 맹목적인 욕심이 더 나약한 아이로 만드는 원인이 아닌가도 생각해 본다.

언젠가 초등학교 일학년 담임선생님 하시는 분과 여행을 한 적이 있는데, 그분 말씀이 요즘 아이들은 소변을 가리지 못하는 애들도 있고 무엇이든 스스로 해결하려고 하는 사람이 많지 않다고 한다. 즉 자기 자신을 관리하지 못하고 엄마한테 기대는 애들이 많아서 아이가 잘못해도 엄하게 지도하기도 힘들다고 한다.

또한 지방에서 회사를 경영하시는 사장님도 요즘 신입사원을 뽑으면 객지생활을 해야 하는 사원에게 무척 신경이 쓰인다고 한다. 기숙사나 숙소를 마련해 줘도 먹는 것, 입는 것, 자는 것

모두 집에 계시는 엄마로부터 조언을 들어야 하고 심지어는 회사생활에 적응하지 못하고 사표를 낼 때에도 엄마를 통해서 낸다는 것이다. 그래서 원거리 지원자는 다시 생각해야 한다는 것이다.

군대 내에서도 요즈음은 소대장이나 중대장 하기 가 가장 힘들다고 한다. 엄마들의 간섭이 이만저만 아니란다. 군대에 갈 나이이면 모든 것을 스스로 해결할 나이인데도 말이다.

이제부터 무조건적으로 보호하고 사랑만 주는 엄마가 아니라 분별 있고 진정한 사랑으로 강한 아이로 키워 주는 엄한 어머니가 다시 필요한 것 같다. 아이들이 장성하여 어머니의 품을 일찍 떠나 사회로 진출하는 것을 자랑스럽게 여겨야 할 때이다. 그래야 어머니의 진정한 능력이 발휘 되어 이 나라 이 사회를 강하게 만들 수 있을 것이다.

시정(視程)거리

'물체의 형상을 인식하는 눈의 능력' 을 시력視力이라고 하는데, 안과병원에서 안경을 쓰지 않고 검사한 결과 보통1.0 이상이면 시력이 좋다고 하고, 2.0이면 아주 좋다고 한다. 시력측정이 가능한지 모르지만 몽골의 초원에 사는 유목민은 시력이 5.0 정도 된다고 한다. 십리(약4Km)밖의 늑대를 육안으로 발견하여 가축에 대한 보호조치를 한다는 것이다. 정말 놀라운 시력이다.

우리나라 사람들은 눈을 들어 앞을 내다볼 때 볼 수 있는 거리는 과연 얼마나 될까? '육안으로 볼 수 있는 최대 거리' 를 시정視程이라고 하는데 이는 대기의 혼탁도를 나타내는 척도로 사용되기도 한다. 비가 개인 후 맑은 날에 '오늘의 시정거리는 얼마' 라고 일기예보 때 발표하는 것을 가끔 본다. 아주 좋은 날에는 40Km이상 떨어진 산이 보인다고 한다. 우리정부에서 추진하는 서울 공기 질의 목표도 남산에서 인천 앞바다를 육안으로 볼 수 있게 하는 정도의 시정거리를 확보하는 것이라고 하는데, 정말 그런 날이 빨리 왔으면 한다.

도시에서 사는 아이와 시골에서 사는 아이의 시정거리가 차이가 난다고 한다. 하늘의 맑고 흐림에 차이가 있겠지만 시골아이의 시정거리가 더 멀다고 한다. 우선 시골에서는 탁 트인 시원함이 앞으로 뻗어 있기 때문에 많은 사물을 볼 수가 있어 자연을 이해하는 폭이 넓고 생각하는 마음이 깊다고 한다. 밤하늘의 별은 동심의 세계다. 그러나 도시아이들은 시골아이처럼 할 수 없다고 한다. 문밖에 나서면 위험한 자동차의 질주 때문에 멀리 볼 수 없다는 것이다. 설령 멀리 본다고 해도 높은 빌딩들이 시야를 가리고, 하늘을 바라보아도 좁은 하늘만 뿌옇게 보인단다. 밤하늘을 뚫어지게 바라보지 않으면 별을 보기도 힘들다. 앞을 볼 수 있는 순간능력이 100m를 넘기가 힘들다고 한다. 그래서 그런지 도시아이들은 이해타산이 빠르고 순간 대처능력이 앞선다. 그래서 사물을 깊게 보는 능력이 떨어지고 남을 이해하고 배려하는 마음보다는 자기주장을 앞세워 남을 설득하려는 성질이 강하여 충돌이 잦다고도 한다. 남이 자기에게 하는 배려는 당연하게 받아들이면서도 감사한 마음보다는 자존심에 상처를 입는 사람도 있다고 한다. 또한 사람마다 다소 차이는 있지만 깐족이기를 좋아하고 마음에 들지 않으면 쉽게 토라지는 경향이 있다는 것이다.

어린 시절 눈을 들면 탁 트인 시선으로 하늘과 땅을 보고, 산과 들을 벗 삼아 숲속을 거닐며 졸졸졸 흐르는 물소리와 함께 자연을 노래했던 사람들이 어른이 되어서는 따르는 사람들이 많고 지도력이 뛰어나 훌륭한 지도자가 되는 사람이 많다고 한다. 아마 깊은 이해심으로 남의 허물을 탓하기 보다는 허물이 되는 원인을 볼 줄 아는 혜안慧眼이 있어 그러는지도 모른다.

"부모는 멀리 보라하고, 학부모는 앞만 보라고 한다." 어느 공익광고에 나오는 방송멘트의 일부이다. 여기에서 가리키는 부모는 누구이고, 학부모는 누구인가? 탁 트인 시야를 가진 시골사람과 좁은 시야를 가진 도시사람을 구분하는 것은 아닌지 모르겠다. 요즈음 애기가 태어나서 말을 배울 정도만 되면 유아원에서부터 시작하여 영어 미술 음악학원 등 개인이 운영하는 사설학원에 보내기가 바쁘고, 취학아동이 되어도 학교에 있는 시간보다 학원에 있는 시간이 더 많다고 한다. 부모들도 사교육비가 너무 부담되어 애기 낳기가 무섭다고 한다. 혹시 애기들이 학원가기 싫어서 세상에 태어나기를 거부하는지도 모르겠다. 정부에서도 저 출산 문제로 고민이 많은 모양인데 뾰족한 묘수를 내놓지 못하고 있는 것 같아 안타깝다. 이대로 계속된다면 나라의 장래가 걱정스럽다.

학부모들이여!

우리 아이들을 새장에만 가두지 말고 시야가 탁 트인 자연으로 내몰아 호연지기浩然之氣를 배우고 스스로 자신의 특성을 찾아 멀리 볼 수 있는 아이로 키우면 어떨까요.

김극준

태평성대를 사는 나 외 1편

나는요!

참 중요한 순간을 놓치고 살고 있는 내 모습이 보입니다. 세상은 기적으로 가득 차 있는데, 어느 것 소중하지 않은 것 하나 없는데 큰 우주의 중심이어야 할 나는 왜 오늘 하루도, 이 달도, 이 계절도, 이 해도 그냥 흘러 보내고 있나요. 그 순서가 맨 나중이 되기는 하지만 수필을 쓰려고 노력합니다. 글을 쓰면 내가 우주의 중심으로서 참 중요한 것을 생각하고, 참 중요한 순간을 아쉬워하고, 내 주변의 기적을 놓치지 않으려는 마음이 생겨 온 세상이 달라 보입니다. 글쓰기가 하루 일과의 첫째가 되는 기적이 내게도 왔으면 좋겠습니다.

태평성대를 사는 나

지난 해(2012년) 6월 우리 대한민국이 세계에서 일곱 번째로 2050클럽에 진입했다고 하는 뉴스가 있었다. 2050클럽이란 1인당 소득이 2만 달러, 인구 5000만 명을 동시에 충족하는 나라들의 모임을 의미한다. 전 세계에서 2050클럽에 진입한 국가는 미국, 일본, 프랑스, 이탈리아, 독일, 영국 등 근세사의 주도권을 놓고 다퉈온 주요 6개 선진국뿐이란다. 식민지 지배를 받았고 국가 존망이 위태로웠던 전쟁까지 겪은 나라가 지난 반세기 남짓 만에 선진국 대열에 당당히 서게 되었다.

최근, 인간 수명 백세 시대에 관한 보도가 빈번하다. 평균수명도 여자는 84세, 남자는 78세에 이르렀다. 모두 축복이다. 멀리 돌아 볼 필요도 없이 조선 500년, 이 땅의 삶은 가난을 벗어나기에는 토지와 자본이 부족하였고 귀하게 되기에는 사회적 신분의 제약이 있었다. 거기다 인생 칠십은 고래희(古來稀), 그래서 우리의 여인네들은 부귀장수(富貴長壽)의 꿈을 새로, 나비로, 꽃으로, 물고기로 형상화하여 베갯모에 한 땀 한 땀 수를 놓았으리라. 500년, 아니 단군 이래 처음으로 부귀와 장수의 꿈을 이룬 복 받은 세대, 우리는 행복한가?

통계상의 대한민국은 태평성대를 누리고 있지만 막상 들어다 보면 젊은이는 청년 실업의 고통을, 비정규직은 같은 노동에 대한 같은 임금을, 엄마는 육아의 어려움 해결을, 노인은 준비되지 않은 삶에 대한 지원을, 농민은 시장 개방으로 인한 살길을, 가장은 조기 은퇴로 인한 생계 안정을, 중소기업은 상생(相生)을, 산업계는 국민경제에 있어서의 그 중요성을 저 마다 외치고 있다. 불만과 욕구가 나라 발전의 원동력이 되었던 성장의 시대는 가고 바야흐로 서로가 더 큰 파이를 차지하려 다투고, 남의 떡이 더 커 보여서 불만인 '만인에 의한 만인의 투쟁' 시대가 도래 하고 있다. 은퇴 초년병인 나는 이 시대를 어떻게 맞이하고 대응해야 할까?

많은 사람들은 국가가, 대통령이, 정치인(국회의원)이 잘 해서 이 사태를 해결해야 한다고 한다. 그들이 잘못해서 나라가 어렵고 경제가 어렵고 우리가 또 내가 힘들다고 한다. 국민이 나라의 주인이 되는 가장 민주적인 국가관에 의하더라도 국가는 공동선(共同善, common good)을 실현하기 위한 시민들의 자유로운 계약의 결과 태어난 공동체이다. 그러나 국가가 추구해야 할 공동선이란 실체가 없는 이상적이고 추상적인 존재이다. 집권하고자 하는 정당은 공동선(국민의 뜻)을 행하겠다고 많은 정책을 내놓고 그 정책들을 세트로 선택하라고 한다. 정책은 대안 중 하나의 선택이기에 집행 내용을 보면 결코 공동선이 아니다. 우리는 선거를 통하여 그들에게 국가의 운영을 맡겼지만 국가는 심판자의 역할을 하고 우리의 생존을 도와 줄 수 있을지언정 우리의 삶을 무한히 책임 질 수 있는 주체는 아니다. 경제적으로 보면 국가는 재정을 집행하는 국민의 세금으로 굴러가는 국가 경제의 일부에 불과하다. 한정된 예산으로 국방, 외교, 치안, 교육, 복지 등 국가의 생존에 필요한 일만으로도 힘겹다. 지금의 갈등은 국가의 잘못이 아니라 다수 국민이 잘 살아 보자고 지지했던 고도성장 정책의 결과일 뿐이다. 성장을 계속하면 갈등은 줄어들겠지만 2만 달러의 국민소득을 가진 5천만이 그래서 국민 총소득이 1조 달러인 국가가 어떻게 고도성장만을 할 수 있겠는가? 정치인은 우리의 행복한 삶을 책임져 달라고 요구하면 더 큰 권한(조직과 인원)과 더 많은 돈(예산)을 요구하리라.

어차피 삶은 자신의 몫, 혹시나 하는 기대감으로 손쉽게 돈 쓸 곳만 찾는 정치인들에게 너무 많은 권한을 주어서 증세라는 결과로 제 발등을 찍지 말자.

다음 우리의 삶이 기댈 곳은 법에 의해서 만들어진 제도이다.

국민연금, 건강보험, 고용보험, 산재보험, 공무원연금, 교원연금, 군인연금, 노인연금, 육아수당, 장애인수당, 국민기초생활보장, 무료급식 등 수 많은 제도에 의해서 우리 국민 모두는 촘촘히 짜인 사회 안전망 속에서 행복하게 살아가고 있다고 한다. 그러나 현실은 만족스럽지 못하고 미래는 더 암담하기만 하다. 가장 규모가 큰 국민연금의 경우 인간 수명 백세는 축복이 아니라 재앙이다. 출산율 저하로 연금 보험료 부담자는 줄어드는데 수명 연장으로 연금을 받는 사람의 숫자는 늘어나는 구조라면 연금의 파산은 불을 보듯 뻔하다. 400조 원의 자산을 가진 국민연금은 장래 20년 정도는 완만하게 적립기금을 늘려가겠지만 그 후 10년이면 지급불능 상태에 빠지고 만다.

우리의 아들, 딸들이 소득의 9%를 연금 보험료로 30년 이상을 납부하고 자신이 60세에 65세에 이르러 연금을 받으려면 이미 연금기금은 파산상태 이다. 정치인에겐 20년은 정권이 몇 번 바뀌는 기간이다. 어느 정권이 20년 후를 걱정하여 정권을 내놓을 개혁을 하겠는가?

대한민국은 최 선진국 미국도 못하고 있는 전 국민 의료보험의 실시로 돈이 없어 병원에 못가는 일이 없는 나라가 되었으나 인간 수명 백세는 여기에서도 재앙이다.

2013년 3월 18일 발표된 건강보험공단의 '2012 건강보험 주요 통계' 에 '전체 진료비 중 65세 이상 진료비 점유율은 2005년 24.4%에서 2012년 34.4%로 7년간 10%가 늘어났다' 는 대목이 관심을 끈다. 앞으로 10년 내에 65세 이상 진료비 점유율 비율이 50%가 넘으리라는 것은 자명하다.

노인 인구의 증가 및 출산율 감소로 2030년까지 건강보험료 납부자인 20~59세 인구는 800만 명이 줄어드는 반면 같은 기간 노인 인구는 650만 명이 늘어난다고 한다. 건강보험료를 안 내고 의료 서비스를 받는 피부양자는 2012년 기준 2011만 명이라고 한다. 돈 내는 사람은 줄고 돈 쓰는 사람은 늘어나는 이런 구조는 지속 가능한 제도가 아니다. 우리 미래의 최고 안전장치인 국민연금과 건강보험이 이럴진대 우리의 삶을 제도에 의존할 수도 없다.

그럼, 가장 전통적인 방식인 자식에게 한번 기대보는 것은 어떨까? 요즘 젊은이의 가계는 물론 내가 젊었을 때 보다 윤택하다. 그러나 그들에게 여유가 있을까? 주택 대출금, 자동차 월부금, 자녀 양육비, 사 교육비, 외식비 이런 거 다 쓰고 나면 돈 모자라서 부모에게 기웃거리는 게 요즘 우리 자식들이다. 저 성장, 고 소비의 시대를 맞아 우리 자식들은 그렇게 근근이 살다 우리보다도 더 준비되지 않은 노년을 맞을 가능성이 크다. 정말 내가 백세의 축복을 누린다면 나는 은퇴하는 자식을 내 집으로 맞이하기까지 해야 한다. 내가 태어나 자식의 은퇴까지 보는 벅찬 모습 그려 볼 수는 있지만 긴 내 삶을 위하여 자식 덕 볼 생각은 아예 접어야 한다.

그럼 어떻게 할까? 화백이니, 지공도사니 이런 말로 자신을 비하하며 불행해하지 말자. '이밥에 고깃국'의 꿈을 안고 3대를 행복해하는 우리 반민족도 있다. '나도 한때'라며 어설픈 자랑짓도 하지 말자. 이런 못난이 보면 한심해서 말대답도 않는 게 요즘의 젊은이다. 그래도 곰곰 생각해보면 생존과 안전을 보장해주는 국가가 있고, 갈등의 현장에서 합의점을 찾아 동분서주하는 정치인이 있고, 사회 안전망이라는 구제 제도가 있고, 이 제도를 고쳐 그물을 촘촘히 짜 나가는 관리가 있고, 열심히 일하고 다음 세대를 기르고 교육하는 젊은이가 있다.

이 걱정, 저 걱정 내려놓고 산골로 내려오니 엄마 따라 외가 가던 밤길, 돌아보고 돌아봐도 나를 따르며 들판에 난 하얀 오솔길을 밝혀주던 환한 보름달이 그때처럼 환한 빛을 던지며 나를 따른다. 산은 달빛을 받아 하늘과 땅의 위엄을 더하고 들엔

곡식 익는 냄새 가득하니 인간사 걱정이야 흐르는 물에 띄워야지. '나물 먹고 물마시고 팔 베고 누웠으니 즐거움이 그 안에 있고 의롭지 않게 부귀를 누림은 나에게는 뜬 구름 같다.' 자연 속에서 안분자족(安分自足), 공자가 가르쳐준 여생의 삶을 행복하게 사는 가장 좋은 방법이다.

너와 나

헤엄만 치던 지친 눈 먼 거북이 100년 만에 처음 바다 위로 나와 구멍 난 나무 등걸을 만나 머리를 얹고 쉬다 배필인 다른 눈 먼 거북을 만났다면 우연일까? 전생의 연이 이어진 것일 뿐 우연이 아니라고 한다. 옷깃만 스쳐도 인연이라는데 매일 옷깃을 스치는 우리 부부의 인연은 어떤 끈으로 이어져 있을까?

1941년 어느 날, 19세인 미래의 나의 아버지 환이는 군복 차려입고 칼까지 찬 채로 생전 처음 사진 촬영하고 그 사진만 남겨 놓은 채 일본군에 징집된다. 타고난 튼튼한 몸과 부지런함, 그에 더한 일본군의 정신무장 교육은 환이를 일본식 군인으로 만들었다. 서울 용산에서 신병 훈련이 끝나고 전쟁터로 나가기 전 가족 면회가 허용되었지만 군인 정신이 충만한 환이는 면회를 거부했다. 배치된 곳은 중국전선, 다 같은 일본 천황의 군대

라면서도 척후, 수색, 정찰 등의 위험한 임무는 조선 출신에게 주어졌다. 전장(戰場), 야간 행군을 계속해 중국군에게 들키지 않고 벌판을 건너야 중국군의 본진을 기습할 수 있다. 날이 밝아오자 노출되는 행군은 멈춘다. 멀리 보이는 마을의 사정을 알아야 한다. 마을에는 분명히 중국군 초병이 있을 것이다. 환이를 포함한 몇 명의 척후병이 마을까지의 교통로를 개척하도록 투입된다. 물레방아가 무심히 돌고 있는 시골 마을, 중국군 초병이 마을 어귀 방앗간을 서성이고 있다. 죽여야만 살아남는 전쟁의 잔인성을 제대로 체험하지 못한 이 중국군은 아득한 물레방아 소리를 들으면서 뒤에서 기습한 것이 무언지도 모른 채 세상을 하직한다.

전투와 점령, 그리고 행군, 드디어 양자강까지 도달한다. 중국이라는 대륙의 깊숙한 곳에 떨어진 부대의 운명은 탁류에 휩쓸리는 흙더미처럼 곧 무너질 것이다. 붉은 수수가 익어가는 계절이었다. 부대장이 비통한 얼굴로 부대원 앞에 섰다. 일본은 패전했다. 천황은 항복했다. 우리도 항복할 것이다. 말을 마친 부대장은 수수밭에서 용변을 보겠다고 했다. 곧 이어 울리는 한 발의 총성 부대장은 이렇게 생을 마감한다. 무의미한 전투를 치르고 무장해제가 될 수도 있는 상황이었다. 중국의 협상 대표는 부대원이 가진 무기의 오분의 일을 역 앞 광장에 가져다 놓으라고 요구한다. 다음 날은 또 오분의 일 그래서 오일 째 되는 날 부대원의 무장해제가 끝난다.

포로수용소, 5~6명이 같은 방을 쓰도록 배정된다. 탈출해야 고립무원의 중국 땅, 포로에겐 차라리 포로수용소가 안전하다. 약간의 밀가루가 방별로 배당이 된다. 포로들은 이걸로 수제비를 쒀 먹으며 견뎌낸다. 포로들에게 쥐와 곤충은 없어서 못 먹는 영양 공급원, 이마저도 귀해지고 포로들은 영양실조로 쓰러지고 눈까지 먼다. 어둠에 잠긴 포로수용소에 비가 내리고 다른 소리는 빗소리에 잦아든다. 환이는 야간 기습의 자세로 막사를 빠져나와 연병장 건너 축사로 기어 들어가 한 마리 돼지가 되어 뒹군다. 꿀꿀거림과 술렁거림이 일어났지만 그래도 돼지 한 마리의 입과 발을 묶는다. 70근은 족히 나가는 돼지를 끌고 환이는 막사로 귀환한다. 도살에 참가한 방의 포로들은 급속히 영양상태가 좋아진다.

1946년 가을이 깊어가던 어느 날, 저 멀리 신작로에 어른거리는 환이의 모습, 매일 산에 올라 아들을 기다리던 할매는 구르듯이 산을 내려와 신작로로 뛰어나간다. 나라도 없는 패잔병의 귀환이었으나 할매에게는 살아 돌아온 아들이 훈장이었다. 1948년 대한민국이 건국되었으나 훈련된 인원은 부족한 시기였다. 환이는 대구 시청에 촉탁 직원으로 채용되어 해방 후의 방역 부재 속에서 전염병으로 죽어가거나 죽은 사람의 뒤처리를 해야 하는 업무를 하게 된다. 호열자라고 불리던 콜레라는 무서운 전염병이었다. 가족이 모두 사망해 장사 지낼 사람이 없어 대신 장사를 지내야했다. 건국과 더불어 젊은이들이 꿈을 키워가는 시기, 환이도 결혼하고, 다음 해 첫 아들인 내가 태어났고, 멋스런 모자 쓰고 양복 입고 자전거 타고 출퇴근하는 멋쟁이가 된다.

1950년 전쟁이 터진다. 전쟁이 시작 된지 두 달이 채 안된 8월 중순 대구 시내에서도 포성이 들린다. 그날도 환이는 시청 직원으로서 기간요원증을 휴대하고 출근길에 나선다. 그러나 거리의 상황은 완전히 달랐다. 젊은 사람은 불문곡직 징발하여 전투에 투입된다. 환이도 거리에서 징발 당한다. 뜬눈으로 밤을 새운 나의 엄마는 첫돌 지난 나를 들쳐 업고 징발당한 병사들이 모인 대구 능인고등학교를 찾아간다. 모여 앉은 병사 중에 환이를 발견하여 접근하지만 저지당한다. 그날 거리에서 징발 당하여 며칠 후 즉석 군인이 된 사람들은 돌아왔을까? 거의 아무도 돌아오지 않았다. 낙동강 전선에서 우리 군과 미군의 강력한 저지를 받은 북한군이 영천 쪽으로 우회함에 따라 그곳 방어선이 뚫리자 그들은 다급하게 전투에 투입되고 거의 대부분이 희생되고 만다. 그러나 환이는 돌아왔다. 군인을 징발하여 호송을 담당하던 병사 중에 환이가 도움을 준 사람이 있었다. 환이는 그 사람을 알지 못했으나 그 사람은 환이를 알아보았다. 환이는 다시 직장으로 집으로 돌아 올 수 있었다. 풍전등화처럼 위기에 처한 나라, 무너지는 가족, 죽어가는 병사 그 가운데서도 나와 같은 애들은 미래를 위해 자라고 있었다.

1950년, 평양의 서쪽 진남포, 젊은 사업가 원이는 못 공장을 운영하고 있었다. 청년 원이는 같은 마을 출신으로 전국 공산당 여성 동맹 부위원장으로 활동하고 있는 안신호의 귀여움을 받고 있었다. 물론, 사업상의 도움도 받고 있는 터였다. 독실한 크리스찬으로 도산 안창호의 누이이자 백범 김구의 약혼녀로도 유명했던 안신호는 원이가 장티프스에 걸려 생사의 갈림길에 섰을 때 약을 구해주고 밤을 새워가며 기도를 해 주신 분이었다.

전쟁이 일어난다. 잘 준비된 전쟁이기에 인민군에 편성된 훈련된 군인 외엔 강제 징집도 없었다. 그러나 8월이 되고 낙동강 전투에서 대량의 인명 손실이 나자 모든 게 달라졌다. 학업, 생계, 건강 등의 이유로 입대하지 않은 청년들에 대해 인민군대에 입대가 강요되었고, 입대하지 않은 젊은이는 호된 비판을 받고 반동으로 몰려 군대보다도 더 열악한 노무에 종사해야만 했다. 누구도 더 이상 인민군 입대를 피할 수 없었다. 입대를 앞두고 이웃 마을 과수원 집 처녀 신이와 혼사가 이뤄지고 몇 달간 입대가 미뤄지고 있던 사이인 10월 평양에 UN군이 진주한다.

큰 피해 없이 온전히 한 · 중 국경 쪽으로 퇴각한 인민군대, 그리고 중국군의 개입설 등 평양 일대는 군정 아래 숨죽이고 있을 뿐 주민들 사이에는 UN군을 환영할 수도 적대시 할 수도 없는 불안감이 떠돈다. 원이는 신이를 친정에 보내고 남쪽으로 가서 자리를 잡고 신이를 데려갈 생각을 한다. 그러나 사태는 느긋하지 않았다. 12월 대규모 중공군의 개입으로 전력의 열세를 감당하지 못한 UN군은 38이남으로의 철수를 결정한다. 남포항에서는 철수 작전이 벌어진다. 원이에겐 인민군대가 진주하면 남은 건 비판과 처벌이다. 단신 남행을 결심한다. 집 떠나면서 부모, 형제에겐 곧 돌아오겠다고 작별 인사라도 했으나 신이에겐 작별도 하지 못했다. 얼굴이라도 보고 가야지 원이는 급한 발걸음을 십리가 넘는 처가 쪽으로 돌린다. 신이의 집 과수원에서 약간 떨어져 교도소가 있었다. 인민군대가 평양에서 철수하기 전 불온 분자로 체포된 사람들에 대한 총살이 집행되었다. 과수원 너머로 이를 목격했던 스무 살 새색시 신이는 부모, 형제, 자매 뒤돌아보며 원이를 따라 집을 나선다. 이미 남포 부두에는 10,000명이 넘는 피난민이 몰려들고 있었다. 늦게 도착한 원이와 신이에게는 피난선을 탈 기회가 주어지지 않는다. 그래도 군인 가족, 경찰 가족, 행정요원 들은 계속 배에 오르고 있었다. 몇 명의 피난민이 더 배에 오르고 선교가 닫치려는 순간 미군 장교는 임산부는 나오라고한다. 그 임산부는 신이이고 그의 남편은 원이이고 임신한 아이는 지금의 내 아내이다.

너와 나 이렇게 전쟁 속에 태어나고 자라서 우연처럼 만났고, 이제 애들도 자라서 또 우리처럼 가정을 이루었다. 전쟁을 이기고 살아남아 가난하지만 기쁘게 살며 아들 딸 키워냈던 우리의 위대한 아버지들도 세상을 떠났다. 우리도 아들 딸 시집, 장가 보내고 이제 한 숨 내쉬며 편안해져야 하는 데, 사슴처럼 착한 아내는 힘들다며 아프다며 징징대는 남편 뒤치다꺼리에 지쳐 내 옆에서 코를 골며 자고 있다. 그래! 우린 우연히 만난 게 아니야. 우린 100년 만에 바다 위로 나와 구멍 난 나무 등걸을 만나 햇볕 쬐던 사랑에 눈 먼 전생의 그 거북이었음이 틀림없어.

박말숙

쪽빛 사랑 외 1편

나는요!

날마다 새들과 꽃과 풀과 노느라
시간이 없다고 징징거리지요.
어치의 겨울나기를 위해 도토리를 줍고,
박새를 위해 호박씨를 말리고 있어요.
아! 꽃씨걷이도 해요.
내년 봄 아기 새들이 태어나면 내 꽃밭을 자랑해야 하니까요.

쪽빛 사랑

쪽빛 조각보가 해풍에 춤을 춘다. 가을하늘을 향하여 높이 날아가고 싶은 구애의 몸짓은 빨래집게가 원망스러운 듯 흔들어댄다. 하얀 물보라 꼬리를 그리며 통통배는 무심한 바다의 품에서 노닌다. 쪽빛의 어울림이다. 그 몸짓들이 내 마음 깊숙이 들어와 앉아 하늘도 되고 조각보도 되고 바다도 되었다. 그날의 조각 바느질 전시회는 내 쪽빛 사랑의 시작이었다.

어느 하루, 원단시장은 미로 같았다. 좁은 길을 따라 사람들과 부비며 다니다 보니 한 포목점 주인의 손에서 푸른색 원단이 파도처럼 출렁이고 있었다. 푸른빛과 자주빛의 중간, 쪽빛이었다. 남색이나 남(藍)빛으로 일상 표현하지만 우리 고유의 향수와 정이 느껴지는 것 같기도 하고 색 이상의 은은한 빛을 발하는 것 같아서 나는 쪽빛이라 말하는 것을 더 좋아한다. 많은 녹색 풀

중 하나인 쪽이 하늘과 바다의 색을 닮은 푸른색을 만들어 낸다. 그 신비스러움이 나에게는 작은 발견이 되었다.

사고자 했던 천을 다 사고 예정에 없었지만 쪽빛 천을 테이블보 감으로 골라왔다. 길게 펼치니 거실 가득 푸른 물결이 잔잔하다. 넓이가 부족함이 없는 것을 보니 두 마면 충분하다며 잘라준 원단 가게 주인의 말이 맞았다. 세월만큼 안목이 쌓인 것이리라. 다른 천을 밀쳐두고 먼저 테이블보를 만들기로 했다. 재봉틀로 바느질하면 빨리 끝낼 수 있지만 손바느질로 하기로 했다. 가장자리를 가늘게 두 번 접고, 사면을 돌아가며 손톱으로 꼭꼭 눌러 주름을 잡았다. 반짇고리에서 남색 실을 꺼내 바늘에 꿰고 한 땀 한 땀 공그르기로 정성을 다해 천과 실을 맺어주었다. 이 쪽빛 보는 멀리 남쪽 도시에 살고 있는 내 소꿉친구에게 갈 것이다.

나는 천연 염색 중에 모시와 면에 나염된 쪽색을 좋아한다. 잠자리의 날개처럼 투명한 모시는 하늘을 닮아서이고, 쪽빛이 염색된 면은 바다처럼 거칠어서 좋다. 면 바느질은 계절을 타지 않지만 모시는 추워지면 바느질이 어렵다. 바늘 끝에서 모시가 끊어지기 때문에 여름에 해야만 하는 것이다.

바느질을 마무리하고 보니 바다처럼 멋스럽지만 허허로워 보였다. 배도 띄우고 갈매기도 수를 놓을까. 거실 창에 걸어둔 모시 발에서 갈매기가 때지어 날아오른다. 조각 바느질 전시회를 본 후 쪽빛에 반해 만들어 걸어 둔 것이다. 그때도 바다가 밋밋하다하여 하얀 갈매기를 면실로 매듭 지어 붙이고는 스스로의 솜씨에 반해서 여기저기 자랑을 했었다. 사람들과 어울리기를 좋아하는 친구를 위해 찻잔 모양을 누빔 바느질 해 볼까. 무늬가 예쁜 자투리 천들을 꺼내 찻잔을 오리고 받침도 만들어 바느질을 하고나니 쪽빛 테이블보 위에 예쁜 찻잔들의 조잘거림이 들리는 듯하다. 이 테이블보 위에서 사랑하는 사람들과 차를 마시며 담소할 그녀를 상상해본다.

함께 살고 계신 친정어머니가 많이 편찮으시다며 쓸쓸해하던 그녀의 목소리가 시장에서 쪽빛 원단을 보는 순간 떠올랐다. 어머니가 돌아가시면 서로 의지하며 함께 살 피붙이가 없기 때문에 염려하고 위로하지만 그 마음을 내가 대신할 수는 없었다. 그녀가 행복하게 살았던 곳이 바닷가이다. 그곳에서 바라본 바다를 조금만 잘라와 그녀의 품에 넣어 주고 싶었다고 할까. 비록 푸른 천이지만 예쁜 찻잔을 띄워놓으면 좋아하는 사람들과 차를 마시며 알콩달콩 행복해 질것 같아서이다. 그녀를 생각하며 한 바느질 이였지만 만드는 동안 내 마음이 더 즐겁고 행복했었다.

뜨거워진 다리미로 완성된 테이블보의 구겨진 면과 솔기를 다리면서 나의 바람이 이루어지리라 믿어본다. 다음날 아침 일찍 콧노래 흥얼거리며 우체국엘 다녀왔다.

호기심

초록색 지붕 아래로 빨간 줄장미가 흐드러지게 피어 있는 앞집 주차장에 이삿짐 차가 들어와 섰다. 접시꽃이며 마가렛, 원추리꽃 등을 심고 잔디밭을 가꾸던 주인은 주말마다 하는 그 생활이 힘들었는지 집을 지은 지 일 년이 채 못 되어 남에게 세를 주었다. 초등학생 딸 둘을 둔 첫 번째 세를 든 부부는 2년을 살았다.

그날은 두 번째 가족이 이사를 오는 날이었다. 어떤 사람들일까. 집안일을 하는 짬짬이 나의 눈길은 짐을 나르는 그쪽 사람들만큼이나 바쁘게 움직였다. 앞집 거실에 불이 환하게 밝혀질 때쯤 마당에 부려놓았던 짐이 집안으로 거의 다 들어갔다. 온 신경을 그 집 마당에 두고 있던 나는 저녁을 짓다 말고 상추와 쑥갓 등 쌈 채소를 뜯어 커다란 비닐 봉투에 담았다. 대충 짐정리가 되면 앞집인 우리 집으로 인사하러 올 것이다. 먼저 번 부부는 팥 시루떡도 돌리지 않았는가. 나는 이웃집으로써 품위에 어긋나지 않게 넉넉한 인심과 친절을 더해 쌈 채소가 가득 찬 비닐봉지를 내밀 것이다. 농약을 전혀 치지 않은 유기농이란 말을 강조하면서 아주 반갑고 상냥한 표정으로 잘 지내자고 이야기해야지.

저녁을 먹는 동안 개 짖는 소리에 누군가 오나보다 하고 일어서기를 몇 번 했지만 그날 밤은 아무도 우리 집을 찾지 않았다. 야외 테이블 위의 쌈 채소는 기다림으로 유월의 연두색 어둠 속에서 밤을 하얗게 지새우고, 다음날 오후, 주말이면 왔다가는 이웃의 목사님 차를 타고 서울로 갔다.

마을을 가로질러 논밭사이로 산책을 다녀 올 때면 가끔 들러 차를 마시며 수다를 떠는 이웃, 아줌마들이 있다. 대부분 길목에 서서 한 시간은 우스우리만큼 이런저런 이야기로 떠든다. 그러다가 갑자기 바쁜 사람처럼 "아이고! 시간이 벌써 이렇게 됐네." 하며 서둘러 돌아온다. 그저 서로 마음이 편안한 이웃들이다. 어쩌다 무심한 마음으로 산책을 다녀오고 싶을 때는 그 집 앞을 피해 먼 거리를 돌아오기도 하고 아예 가기를 포기한다. 그럴 때면 그 이웃 또한 무관심 속에 있고 싶을 때도 있겠구나하고 생각하게 된다. 우리는 서로에 대해 적당히 알고 있고 호기심에 물어보기도 하지만 궁금하더라도 미루어 짐작하여 모른 척 하기도 한다. 관심과 무관심 사이를 왔다 갔다 하며 이웃이라는 이름으로 서로 의지하며 살아가고 있는 것이다.

보통의 키에 몸동작이 날렵한 앞집 남자는 인사성도 밝고 싹싹했다. 부부는 그 집이 좋은지 열심히 마당에 여러 가지 꽃을 사다 심고 가꾸었고, 두 딸도 고양이를 한 마리씩 품에 안고 뛰어다니는 모습이 무척 행복해 보였다. 가까이에 하나뿐인 집 안주인인 나에게 그 집 여자가 아는 척을 하지 않았다는 것 외에 나무랄 데가 없는 이웃이었다. 매사 호기심이 많은 나는 궁금한 것이 생기면 그것을 꼭 알아내야만 직성이 풀린다. 가장 큰 피해자는 당연 우리 집 마당의 새들이다. 망원경까지 사서 어떤 새인지 확인하는 것은 물론, 집짓기에서 새끼를 키워 떠날 때까지 감시를 한다. 그 원성이 나라에 닿아 새들의 사생활 보호법이란 것이 발효되지나 않으려는지.

아빠의 직업은 무엇인지, 나이는 어떻게 되는지 아이들은 어느 학교 다니는지 그녀는 예쁜지 아닌지 궁금한 것이 많았다. 새보다도 더 신기해진 앞집 여인은 어쩌다 마당에 나오면 꽃밭 가꾸기에 열중할 뿐 주위에는 관심이 없어 보였다.

그해 겨울 쌓인 눈을 쓸고 있는데 집 앞을 지나던 차 한대가 순간 개울로 미끄러졌다. 운전자는 씩씩하게 올라왔으나 차는

견인차가 와야만 했다. 나도 구경 가고 앞집 남자도 8개월 만에 근거리에서 얼굴을 맞대게 됐다. 인사성 밝은 그는 역시 환하게 웃으며 미안해했다. 몇 번 찾아 인사하려 했으나 집사람이 남과 사귀기를 힘들어 해서 결국 못했노라고. 그녀는 전원에서 꽃들과 더불어 조용히 그렇게 살고 싶은 모양이었다. 있는 듯 없는 듯.

한동네 사는 모든 사람을 이웃이라는 울타리에 넣어야 되는지 생각 해 본다. 우리는 이웃사촌이란 말을 하며 멀리 있는 사촌보다 더 가깝게 살고 있지만 요즈음은 관심을 부담스러워 하는 사람들도 많다. 이웃이 싫어서가 아니라 자신이 무심하게 살고 싶어서일 것이다. 가까이 살고 있으니 자주 만나게 되고 생활 속에서 알게 모르게 서로 많은 도움을 주고받게 되는 것도 사실이지만 말이다. 어떠한 것이 이웃으로 바람직한 모습일까. 나와 남이 다르다는 것을 인정하고 존중해 줘야 하지 않을까 생각해 본다.

박영희

장군과 장닭 외 1편

나는요!

눈, 코, 입, 머리, 팔, 다리가 다 멀쩡히 있다 해도 꿈이 없는 인생은 시체나 다름없다고 생각하는 사람입니다. 나이와 상관없이 꿈을 꾸며 새벽이 오기를 기다리는, 그래서 수필로 지난날, 현재, 그리고 미래를 산책하다 한 가닥 걸려들면 백지에 떠오르는 대로 마구 적어가 합평 받을 때 난타질 당해도 자존심 내려놓고 겸손히 두 손 합장하며 여전히 써 나갈 겁니다.

장군과 장닭

전화가 왔다. 남편이 전화를 받더니 내게 받아보라며 건네주는데 '하 장군입니다.' 한다. 상대편은 다급한 소리로 '우리 집 장닭이 죽었는데 이걸 어떻게 해야 하는지…….' 하고 묻는다. 참으로 난처한 질문에 '웬 장닭입니까?' 내가 물으니 암탉 세 마리와 수탉 한 마리를 사다 길렀는데 오늘 아침에 죽었다고 한다. 한 번도 닭을 잡아 본적이 없어서 어찌 해야 할지 몰라 묻는다고 한다. 나도 직접 잡아 본적이 없지만 어린 시절 서울에서 자취생활을 하다 어느 날 시골집에 가면 엄마가 닭을 잡아 푹 고아주던 생각이 나 물부터 끓여 죽은 닭 몸뚱이에 조금씩 끼얹어 털을 뽑으라고 했다.

전화를 끊고 마음이 내키지 않아 남편에게 강하면 하 장군 댁을 가자고 했다. 남편 고등학교 동창 하 장군은 육사를 갔고, 남편은 서울에 있는 일반 대학을 갔다. 서로 은퇴 후 우연히 양평군으로 와 살게 되었는데 용문에 사는 또 한 동창과 세 집이 한 달에 한 번씩 돌아가며 점심을 먹기로 하고 모인다. 남편이 용문에 사는 친구 집에 전화 걸어 하 장군 집을 가자고 한다. 이번 달이 그 친구 집 차례이니 날짜는 틀려도 오늘 수탉이 죽은 김에 그걸 잡아 때우게 하려는 속셈인 듯 싶다. 용문에서 강하면을 가려면 양평대교를 건너야 하니 친구에게 양평보건소 주차장에서 만나 차를 두고 한 대로 가자고 한다.

용문 친구가 왜 갑자기 하 장군 집을 가느냐고 차를 타고 가면서 묻는다. 전화 걸려온 이야기를 남편에게서 듣던 친구는 결국 죽은 닭 잡으러 가는 거냐며 큰소리로 웃는다.

두 집이 들이닥치자 하 장군 부부는 우리를 맞이하며 의아해하는 표정이다. 너네 죽은 장닭을 오늘 잡아 점심때 먹자며 내가 전화해서 친구와 같이 왔다는 남편 이야기를 듣더니, 하 장군이 난처해하며 말한다. '그런데 어쩌지, 그놈이 정신을 차렸어, 잠깐 졸도를 했었나봐.' 한다.

사연인즉 이러하다, 유정란을 먹겠다고 수탉 한 마리에 암탉 세 마리를 사다 알을 낳게 하였는데 모이를 주러 아침에 닭장에 가면 어찌나 사납게 달려들어 쪼아 대는지 다리며 팔에 멍이 들었단다. 오늘 아침도 마찬가지로 달려드는 장닭을 막대기로 머리를 쳤더니 픽 하고 곤두박질을 치며 쓰러져 죽은 줄 알고 우리 집에 전화를 하였고, 내가 시키는 대로 물을 끓여 닭을 잡으려고 가보니 살아나 돌아다니고 있었다고 한다. 사정이 변한 것도 모르는 우리는 친절하게도 닭을 잡아 함께 끓여 먹고 이달은 하장군이 점심 할 차례를 때우게 한다고 용문에 사는 친구에게 전화까지 해서 모인 것이다.

하 장군 부부가 잘 왔다며 환영은 하였지만 엉뚱한 스토리가 전개돼 남을 배려해 주는 일도 내 생각으로 판단하면 결국은 부담이 될 수도 있겠구나, 생각하면서 그래도 남편과 장닭이 만들어 낸 희극으로 많이 웃고 요즘 유행하는 힐링이 되었다.

시골 장날이면 벼슬을 곤두세운 몸집 큰 장닭이 주변 장꾼을 불러 모아 싸움판을 벌리는 사람이 있었다. 엄마 따라 어린 시절 볏짚으로 계란꾸러미를 엮어 팔러 나갔다가 볼 수 있는 흥미로운 구경거리가 있었는데 그때 본 장닭이 생각나 여럿이 먹어도 될 성싶다며 내가 남편을 부추겨 용문 친구 부부까지 함께 동반하게 되었으니 결국 희극의 스토리는 내가 만든 일이다.

하 장군 댁 장닭도 그때 본 장닭만큼이나 몸집이 다른 수탉 두 배는 되는 붉은 색 몸집에 곤두세운 벼슬과 큰 눈동자가 용맹스러워 보인다. 우리는 닭장 앞에서 장닭을 바라보면서 '오늘 넌 행운의 날이라며.' 다시는 장군에게 덤벼들지 말라고 주의를 줬다. 결코 그 말은 닭에게 하는 말은 아닌 듯싶다. 겁쟁이 하 장군에게 빗댄 농담인 듯싶다. '장군과 장닭.' 장닭에게 당하는 장군을 상상하면서 대한민국의 육군사관학교를 나와 평생을 나라 위해 몸 바친 용맹스러움의 상징인 장군 계급장, 별에 대한 체통을 구기게 했다며 마음씨 착한 하 장군을 친구들은 놀려주었다. 아무려면 장군이 장닭을 두려워 하랴만은, 하 장군 부인은 내게 말한다, 어디에 말하면 창피해 말도 못 한다며 닭 모이 줄 때 장닭이 무서워 못가고 본인을 시킨 적이 많다고 말해 우리는 또 한 번 박장대소 하며 장군 훈장을 장닭 목에 걸어주라고 놀려댔다.

오늘의 모임은 장닭 때문에 생긴 일이니 주변에 있는 식당으로 가서 닭볶음탕으로 점심을 먹었다.

*장닭= 수탉을 이르는 말.(강원, 경상, 충남 방언)
수탉으로 씨종자 닭이다.

인천공항을 다녀오며

새벽 4 시에 도착하는 딸과 두 손녀의 마중을 나갔다. 인천공항은 사면이 바다로 둘러싸여 안개에 덮여 있다. 하얀 불빛아래 잠이 덜 깬 듯한 표정의 사람들이 국제선 입국장 앞에서 서성인다. 남편이 운전하는 차 속에서 자다 일어난 나 역시 머릿속이 안개에 가려있는 듯 멍하다. 외손녀 둘이서 나를 향해 웃으며 가방을 끌고 다가온다. 큰아이 키가 165cm라고 하니 훌쩍 커버린 쭉 빠진 몸매, 처녀티가 나는 두 손녀를 바라보며 미국으로 떠난 지 삼 년이란 세월의 변화가 가슴으로 느껴진다.

중학생이 되어 돌아왔다. 떠날 때 비벼대며 응석만 부리던 그런 아이의 모습은 간데없이 훌쩍 커버린 그들이 나를 바라보며 깍듯하게 인사하는 모습에서 반갑기도 하지만 왠지 낯설다.

이젠 저들의 세상 속으로 바빠지면 나와의 허물없던 시간이 멀어질 것 같은 마음이 느껴져 그런가 보다. 손녀들 보기에 나는 얼마나 늙어 있을까, 자신의 변화하는 모습을 감지하지 못하다가 커가는 아이들 바라보며 그때서야 알게 되는 얼굴의 나이테, 생각해 보니 아침마다 세면대 앞 거울 속 나는 지금의 진짜 내가 아닌 것이다. 세월에 둔감한 것은 매일같이 보게 되는 습성 때문일 게다.

사위의 직장 관계로 뉴욕에서 3년간 살다가 귀국한 가족 중 사위는 본사 발령이 한 달 남아있어 혼자 미국에 있고 아이들 2학기 개학에 맞춰 학교 입학 때문에 딸은 먼저 귀국했다.

할아버지에게 포옹을 하는 손녀들, 흐뭇해하는 할배 표정이 참 행복해 보인다. 기르던 강아지도 데리고 함께 미국을 갔었기에 가족이라고 또 함께 귀국했다.

목에는 전자목걸이를 채워 화물칸에 실려 온 놈은 공포어린 눈동자로 주변을 두리번거리더니 나를 보고 옛 사람을 기억했는지 좋아서 어쩔 줄 모르며 달려든다. 내 품에 안겨 온통 얼굴에 키스 세례를 퍼붓는다. 사람 못된 것은 개만도 못하다는 속담이 떠오르며 그녀석이 말도 못하는 처지에 얼마나 힘들었을까 하는 생각을 하니 마음이 짠해진다.

집이 있는 양평으로 달리면서 차창 밖으로 보이는 어둠은 차의 속도만큼이나 빨리 시야에서 사라진다. 여의도의 빌딩들이 하늘 높게 솟아있다. 비좁은 서울의 대지는 이 많은 건물을 받치고 있으려면 얼마나 힘들고 무거울까, 쓸데 없는 망상에 잠겨 있다 보니 예전에 살던 압구정동 아파트가 보인다.

젊은 날 한때 그곳은 나의 치열했던 삶의 터전이었다. 아이들 꿈을 키워 준다며 그곳에 좋은 학군이 모여 있다는 인식이 내게도 오염돼 두 아이의 학교 배정을 받고서야 그곳을 떠났다. 재수 좋게 제비뽑기로 아들과 딸은 강남에 있는 고등학교에 갔다.

남편 뒷바라지며 아이들 학교 보내느라 도시락을 싸던 추억들과 반상회 날 모인 여자들 자랑거리 풀어놓으면 괜스레 기죽어 집으로 돌아와 주변머리 없게만 보이던 남편에게 불평불만을 털어놓기도 했다. 엄마가 극성떨면 아이들 버린다며 학교 수업에만 열중해도 된다고 남편은 과외공부를 극구 반대했다. 남들 다하는 과외를 내 아이들만 못하니 나의 마음은 속상했었다. 그러다 남편 직장 때문에 외국으로 들락거리게 되니 결국 외국에서 다닌 학교생활이 더 많았다. 그때의 내가 살아온 것이나 다름없이 아이들 학교 때문에 딸도 분당으로 이사를 했다. 딸네 아파트는 송파에 있는데 분당 근처에 있는 외고를 가기 위해서다. 그러한 딸을 못마땅하게 여기는 남편은 쓸데없는 짓이라고 말하지만 어쩌랴 젊은 날 나도 그리 살아온 것을 생각하며 딸에게 아무런 말도 하지 않았다.

밤낮이 바뀐 시차 때문에 졸고 있는 손녀들 표정이 많이 피곤해 보인다. 딸과 이야기하다 어느새 집에 도착, 짐을 옮기며 아이들을 깨웠다. 새벽에 집을 나설 때는 주변이 캄캄했는데 어둠은 사라지고 숲이 햇살을 받아 더 푸르게 반짝인다.

집에 도착해 두 손녀가 집 안팍을 돌아보며 잔디밭 가장자리에 놓인 그네에 앉아 '할머니 집에 오니까 참 좋아.' 한다. 어린 시절 우리 집에서 살며 유치원을 다녔다. 딸이 직장 생활하면서 남의 손에만 아이를 키우게 할 수 없어 아이 봐주는 중국 아줌마가 들어와 살았다. 그때가 엊그제 같은 시간들이다.

아침을 먹고 아래층 저희들이 살던 방으로가 깊은 잠에 곯아떨어졌다. 뉴욕은 지금 밤이니까, 한동안 시차 적응하려면 힘들겠지. 식구들이 왁자지껄해 오랜만에 사람 사는 집 같아 좋기는 하지만 온몸이 끈적거리는 30도 열기 속에서 내 생활은 더 바빠지겠다. 사위가 귀국하면 해외에서 부친 짐도 찾고 제집으로 이사하여 안정 될 때까지는 수고해야겠지, 나는 친정엄마, 외할머니이니까.

방인자

남편을 경찰에 신고함 외 1편

나는요!

자그마한 마을에서 농사지으며 자연속에서 행복을 찾고 긍정적인 삶을 살아가려 노력하는 촌아낙 입니다.

남편을 경찰에 신고함

뭇 사람들은 남편의 겉모습만 보고 남편 때문에 속 썩지 않을 것이라고 단정 짓는 사람도 있겠지만 나름 다 속 썩는 일은 한 가지씩 있다고 말들 하지 않는가! 남편의 전성기는 큰 아들이 초등학교 작은 아들이 유치원 다닐 때 이었나 보다.

통금이 있었는지 없었는지 기억은 가물가물 한데 거의 매일 술에 취해 집에 늦게 들어오는 남편이 너무 미웠다. 어느 날 만취되어 골목길에서 콧노래를 흥얼거리며 집으로 다가오는 남편의 소리가 들렸다. 현관문틈으로 빠끔히 내다보니 남편이 대문 앞에서 '딩동!' 하고 초인종을 누르는 순간 때를 맞춘 듯 순찰 도는 경찰관이 눈에 띄었다.

화가 치민 나는 대문은 열어주지도 않은 채 '경찰 아저씨' 하고 큰소리로 불러 세운 후 '저 아저씨 남의 집 대문에서 자꾸 벨을 눌러요.' 잡아가세요! 하고 신고를 하였다. 남편이 우리 집이라 말했지만 경찰관은 신분증 제시를 요구했다. 신분증 확인을 끝낸 경찰이 문패의 번지수와 이름이 같으니 어이가 없었던지 나에게 한마디 던졌다.

"아주머니 문 좀 열어드리세요."

크게 한번 당하였으니 이젠 술을 덜 하겠지, 했던 기대도 잠시 좋아하는 술은 어쩔 수가 없나보다. 술 취해 늦게 귀가 하는 일이 여전했다. 경찰에 신고 한 것도 별 소용이 없었다. 그로부터 20여년이 지난 어느 날 서울에 사는 남편 친구들이 놀러왔다. 그 자리에서 남편이 뜬금없이 '야, 너희들 조심해 우리 마누라 술 많이 먹으면 경찰에 아는 사람 없어도 신고한다.' 라고 하는 게 아닌가!

경찰에 신고했던 오래전 일을 기억 못하는 줄 알았는데 친구들 앞에서 폭로를 하니 내 입장이 당황스럽고 난처했다. 졸지에 나는 죄 없는 남편을 술 좀 먹었다고 경찰에 신고한 못된 아내로 인식 되는 것 같아 그들과 눈길이 마주치는 것조차 쑥스러웠다.

술이 좀 과하기로 서니 마누라가 경찰에 신고하는 것은 너무하다는 눈빛으로 나를 힐끔 쳐다들 본다. 요즘 같은 세상엔 독한 마누라들이 많아 이해가 될 수도 있지만 수십 년 그 시절엔

감이 하늘같은 가장을 함부로 대하는 부인이 있다면 사회 지탄감이 되었다. 친구들 생각 속에 형편없는 아줌마로 추락하는 내 자신을 조금은 변명을 해야 할 것 같아 하루가 멀다 하고 마시는 술이 우선은 남편 건강을 해칠 수도 있어 그러한 행동으로라도 막아 보려했고, 집안의 모든 일이 남편 어깨에 있어 어린 자식과 우리만 쳐다보는 시댁 식구들의 막중한 생활도 감당할 남편이 걱정되어 독한 처방을 했던 것인데 결국 별 효과도 볼 수 없었다며 그들 앞에서 변명을 했다.

하루 종일 집안일에 부대끼다 저녁이 되면 남편이 좋아할 음식을 정성들여 만들었다. 퇴근하여 돌아올 남편과 아이들이 한자리에 앉아 밥을 먹으려는 기대를 하며 기다리곤 했는데 그런 내 기대를 깨듯 번번이 만취한 모습으로 밤늦게 돌아와 어린 자식들 보기에 민망하고 미안 했다.

물론 본인의 의사와 상관없이 직장 업무상 술자리를 해야 될 때도 있었겠지만 집에서 기다리는 나는 야속하게만 여겨져 바가지를 긁었던 시절이 있었으니 어느새 세월이 흘러 먼 옛날이야기로 한편의 글감이 되었다.

지난 시절을 회상해 보니 직장 업무에 지친 몸과 마음을 술좌석에서나마 풀 수 있는 우리나라 남편들의 스트레스를 이해 못해준 내가 새삼 미안한 생각이 든다.

귀농 생활을 하다 보니 남편이 예전처럼 술을 많이 마시지 않는다. 사회 속에 부대끼며 살던 젊은 날의 남편 모습도 이젠 다시 볼 수 없으니, 그때로 다시 한 번 돌아간다면 잘해주고 따듯한 말로 감싸줄 텐데, 조금 이른 나이에 갑자기 퇴직을 하고 고향으로 내려올 때는 세상에서 밀려난 것처럼 소외감마저 들었지만 이젠 남편의 결단에 만족하며 산다. 농촌생활 이라는 게 밖에서의 일이 많아 머슴처럼 일하는 남편을 보며 고맙고 감사해 건강을 챙기며 알콩달콩 잘 살아보리라 마음 먹어본다.

짝퉁의 반란

지인으로부터 예쁘게 포장된 생일 선물을 받았다. 알만 한 사람은 다 아는 유명 브랜드의 장지갑을 받았는데 모양과 크기가 마음에 들지 않아 이왕이면 마음에 드는 것으로 바꾸고 싶어 L 백화점으로 교환을 하러 갔다.

백화점 직원이 지갑의 앞뒤 좌우는 물론 지퍼를 열어 속까지 본 다음 다른 직원을 불러 머리를 맞대고 수근 거린다. 지갑 흠집을 확인 하는 것 같아 나는 그들에게 말해 주었다. '저 그 지갑 한 번도 사용하지 않았는데요.' 하니 내 이야기는 아랑곳하지 않고 '손님 이리 좀 와 보시겠어요?' 한다.

그러더니 대뜸 '이 지갑 어디서 사셨어요?' 하며 문초 하듯이 묻는다. '선물 받은 것인데 왜 그러시죠?' 하는 내 대답에 장소가 어디냐고 되물었다. 선물 주신 분이 집이 영등포이니 영등포

쪽이 아니겠냐고 대답했다.

갑자기 생뚱맞은 얼굴로 '이 물건 가짜예요.' 하는 것 아닌가. 가짜라는 말에 얼굴이 확 달아올랐다. 어이가 없어 가짜 상품이라는 것을 어떻게 단정 할 수 있느냐고 물었다. 직원이 다가와 진품과 비교하며 설명을 했다. 그러더니 짝퉁이 근절되려면 경찰에 신고를 해야 된단다.

선물을 준 당사자도 가짜를 모르고 이 물건을 산 것은 아닐까? 아니면 시골 사는 내가 무얼 알랴 싶어 대충 짝퉁으로 선물 한 것은 아닐까? 그렇다면 매우 자존심이 상하는 문제였다. 한참을 망설이다가 혹시 그도 속은 거 아닐까 싶어 전화를 했는데 지인의 말은 더욱 어이가 없었다. 놀라기는커녕 웃으며 선물인데 그냥 쓰지 뭘 바꾸러 갔느냐며 태연했다. 전화한 내가 더 미안했다. 지인은 짝퉁을 알고 산 것 같았다. 갑자기 모욕감이 들어 큰애 내외가 마침 다니러 왔기에 선물 받은 지갑의 사연을 말하면서 무시당한 자존심을 속상해 하였더니 웃는 얼굴로 얼른 제 카드를 꺼내준다. '엄마 진품으로 하나 사세요. 대신에 백만 원은 넘기시면 곤란해요.' 하며.

아들이 회복시켜 준 나의 자존심 보다 선뜻 엄마 마음을 헤아려 준 아들이 대견하고 고맙다. 마음속으로 '그래, 아들아 고맙다.' 눈 딱 감고 보라는 듯이 진품으로 사들고 언젠가는 그 지인의 앞에 보여 줘야지.

그 후, 짝퉁 지갑을 선물했던 지인으로 부터 마음에 드는 중지갑도 선물로 받았다. 선물을 받았으면 선물한 사람의 마음만 받고 감사하면 될 일을 굳이 마음에 안 든다고 바꾸러가 짝퉁이라는 것을 밝혀내고 또 지인한테 전화까지 했으니…….

가짜면 어떻고 진품이면 어떠랴, 나에게 주고 싶은 지인의 마음만 받으면 될 것을.

안광원

로또 외 1편

나는요!

은행나무 밑 벤치에서 커피 향과 자연의 소리를 들으며 사는 천국인 이랍니다. 요즘에는 최근에 본 두 며느리와 '카톡' 하는 재미가 제법 있네요.
올해 초에 월간 '수필과 비평' 으로 등단한 신출내기입니다.

로또

얼마 전에 아내와 함께 집에서 유료 영화 한편을 보았다. 조직폭력배의 중간 보스가 신 내림을 받아 무당이 되어 낮에는 박수무당으로 밤에는 건달로 살아가는 코믹액션 영화이다. 그의 눈엔 죽은 사람들이 보였고, 그들은 하늘로 올라가지 못한 채 이 박수무당을 통하여 생전에 사랑했던 사람이나 가족에게 뭔가를 얘기하려고 노력하는 모습을 보았다. 의사를 전달할 방법이 없어 안타까워하는 모습을 보면서 나는 내 얼굴을 내 발자국 소리만 들어도 엎드려 꼬리를 흔들며 반갑게 맞이하는 로또를 바라본다.

로또는 내가 양평에 정착하면서 직원으로부터 받은 경비견이다. 독일이 원산지인 '로트와일러'는 아주 영리하며 성격은 용감하고 힘이 아주 세기 때문에 사람을 공격할 경우 심각한 상해를 입힐 수 있어 훈련이 필요하며 주로 경비견으로 사용되고 있다. '로또' 라는 이름은 개의 품종인 '로트와일러' 와 구정 새해에 선물로 받아 행운을 기원하는 차원에서 로또 복권의 이름을 조합하여 지었다.

오늘은 다른 날과 달리 알람 소리 이전에 눈이 떠졌다. 몸도 수면 시간에 비하면 가벼운 편이다. 아내와 함께 집을 나서니 보름달이 반갑게 우리를 반긴다. 하늘엔 북두칠성을 비롯하여 수많은 별들이 초롱초롱 빛을 내며 인사를 한다. 퇴직 후 아침잠이 많아진 나로서는 사순절 새벽 예배 기간이 힘들기도 하지만 오늘은 아직 5시도 되지 않은 새벽하늘이 무척 아름다워 마치 우주선을 타고 하늘을 관광하는 착각의 늪에 빠진 것 같다. 한편으론 성스럽게도 느껴진다.

우리 집 경비를 책임지고 있는 로또는 요즘 주인이 이상하다는 듯 빤히 쳐다보면서 짧은 꼬리를 재빠르게 움직인다. 외출하고 돌아올 때 주는 간식이 새벽 예배 후 귀가 시 한 번 더 생겨서 그런지 유난히 반긴다. 오랜만에 문틀 사이로 내미는 얼굴을 쓰다듬으며 '날씨가 좀 더 따뜻해지면 목욕시켜줄게.' 라고 말하자 행복해 하며 쳐다보는 눈망울이 빛나며 뭔가를 이야기하는 것 같다.

요즘 저는 주인님께 불만이 많아요. 어릴 때는 차에 태워 운동장에 가서 같이 운동도 하며 놀아주기도 했잖아요. 날씨가 좋은 신록의 계절엔 동네 뒷산을 오르며 정상에서 조금 내려가는 그 곳에서 쉴 때는 항상 저에게 우유를 주셨지요. 전 그때가 무척 그립고 잊을 수가 없어요. 그런데 성년이 된 언젠가 부터 외출이라곤 집 마당 밖에 허용하지 않고 그것도 간혹 기분이 좋을 때나 제 집 청소할 때 정도이지 않습니까! 목욕도 겨울에는 한 번도 해 주지 않아 온 몸이 근질거리고 냄새 나고 하여 쓰다듬어 주지도 않잖아요! 청소하고 밥을 줄때 고마워서 스킨십이라도 하려고 가까이 다가가면 예뻐해 주지도 않고 옷이 더러워질까봐 피하시잖아요.

그리고 저희들의 수명이 평균 15년 정도이고 보면 제가 엄마 젖을 떼자마자 생후 36일 만에 이집에 와서 만으로 8년이 넘었는데, 사람나이로 치면 사십대 후반의 나이 인데 왜 여태 장가도 보내주지 않습니까! 제가 밝히지 않아서 그렇지 주인님이 외출하고 나면 동네의 여러 암놈들이 저 한데 접근을 해오지만 제 집안 혈통을 지키기 위하여 참고 있답니다. 그리고 이 말씀은 드리지 않으려고 했는데 저는 아버지처럼 바람을 피우지 않으리라 다짐을 하였기에 참아왔던 것입니다.

제 아버지는 족보 있는 양반 집안 태생으로 키가 크고, 털도 별로 없이 매끈하며 윤이 나는 피부를 가진 멋진 분이었는데 단

풍이 곱게 물든 어느 가을에 털 많은 몸종 여식을 건드려서 제가 태어났습니다. 그래서 그런지 아버지와 같이 꼬리는 없는 듯 짧고 뭉뚝하지만 엄마를 닮아서 털이 많아 더위를 많이 타는 우리 집안 내력 상 여름엔 아주 더워서 죽을 지경이고 털갈이할 땐 귀찮기도 하여 주인님에겐 미안한 생각도 듭니다.

제가 불평을 하였지만 한편으론 저는 주인님을 만난 것을 천만다행이라 생각합니다. 사실 저와 같이 태어난 여동생을 이 집에 보내기로 하였는데 사내를 보내달라고 하여서 제가 여기로 오게 되었답니다. 그 여동생은 대가족의 가난한 집으로 갔는데 1년도 채 되지 않아 그 집의 이복오빠에게 물려죽었다고 합니다.

요즘엔 새벽에도 출출할까봐 맛있는 간식을 주시면서 제 얼굴을 어루만져 주시고 제 눈을 바라보면서 대화까지 해 주시니 제가 주인님을 만난 것이 참으로 행운이라 생각되어 진심으로 감사하게 생각합니다.

우리 주변에 살아 있으면서도 말이 통하지 않는 반려동물, 가축, 계절마다 피어나는 꽃들 그리고 우리가 심어서 키우는 작물들이 있다. 그들이 전하고자 하는 말을 알아듣지는 못하지만 사랑을 가지고 관심을 기울이다 보면 최소한 그들이 속삭이는 소리는 듣지 못하더라도 괴로워서, 힘들어서 외치는 소리는 들을 수 있지 않을까?

날씨가 따뜻해지면 목욕시켜 주겠다는 말에 눈을 깜박거리며 행복해하는 모습을 보면서 로또 집 옆의 철쭉과 홍매화에 하루 빨리 꽃망울이 맺히기를 기다려본다.

가슴 아픈 기억

비바람과 무더위가 지나간 어느 가을날이었다. 주일, 교회 계단에서 여신도 둘이 수군거리는 소리를 들었다. '설암이 뭐야? 혀에 암이 생겼다고? 젊은 나이에 그런 희한한 병이……. 쯧쯧쯧.' 누구 이야긴가 순간 궁금하였지만 대수롭지 않게 지나갔다. 그런 일이 있고 난 뒤에 며칠이나 지났을까? '권사님 그 이야기 들었어요?' 하고 전화가 왔다. 내가 책임을 맡고 있는 구제위원회 여 권사님 전화다.

"제가 환우 심방을 맡고 있잖아요. 교회에서 직원으로 근무하시는 이 권사님의 딸이 설암(舌癌)이라 병원에 다녀왔는데 병원비가 많이 든대요. 수술도 여러 번 했다고 하네요."

구제위원회에서 좀 지원을 해줬으면 하는 이야기에

"누구라고요? 설암이요?"

하며 나도 모르게 그냥 전화를 끊었다. 갑자기 다리에 힘이 빠지면서 어떤 기억과 함께 한쪽 가슴이 아프고 저려온다.

열심히 하겠습니다. 방학이라 한 달은 근무할 수 있습니다.' 라며 밝고 해맑은 모습으로 면접에 응하던 여대생이 있었다. 이름이 유미라고 했다. 9년 전 나는 직장에서 퇴직 후 모 사업장의 한식당을, 아내는 사업장의 커피숍을 운영할 때였다. 회원들이 여름 성수기에 가족들과 많이 오기 때문에 커피숍에도 인원 충원이 필요하였다. 지역적인 특성을 고려하여 젊은 여직원이 필요하던 차에 채용하기로 했다. 유미라는 그 여직원은 퇴근 시간만 되면 그녀의 아버지가 꼭 데리러 왔다. 그때마다 '아빠.' 하고 어린아이 마냥 뛰어가서 안기었고 아버지는 아주 기쁜 표정으로 어린 아이 안듯 했다. 아들만 둘을 가진 나는 그 장면이 몹시 부러웠고 보기에도 흐뭇했다. 언젠가 아내에게 '유미 엄마는 뭐 하시는 분이야?' 하고 묻자 '몰라, 장사한다고 바쁘다고만 하고 엄마 얘기는 별로 안 해, 자꾸 물어보기도 그렇고…….' 하였다.

한 이틀 장대비가 퍼붓듯이 내리더니 구름 한 점 없이 맑고 화창한 어느 날이었다. 커피숍에서 흘러나오는 추억의 팝송에 기분이 좋아 가사를 음미하며 흥얼거리고 있었다. 그때 항상 해맑던 모습의 유미가 얼굴을 찡그린 채 다리를 약간 절룩거리며 커피숍 주방으로 들어가는 것이 아닌가. 무슨 일인지 아내에게 물어보니 비 때문에 버리지 못한 쓰레기를 가져다 버린다고 가더니만 유리에 발을 조금 다쳤다고 한다. 아내가, 좀 있다가 남자 아르바이트생 오면 버리도록 할 터이니, 놔두라고 하였지만 근무 마지막 날에 자기 나름대로 마무리를 잘하려고 하다가 그랬다는 소리를 듣고 더욱 마음이 아팠다. 아내가 연고와 일회용 밴드로 그녀의 상처를 처치할 때 나는 안타까운 마음에 '조심하지 않고!' 하며 약간 역정을 내었다.

대부분의 서울 사람은 가까운 가족이나 지인이 넘어져 다치면 털어주며 안타까운 표정으로 위로와 걱정을 한다. 하지만 경상도 사람인 나는 가까운 사람, 특히 아끼는 가족이 넘어져 다치면 안타까운 마음에 버럭 화를 낸다. '바보같이, 조심하지 않고' 하며.

휴대폰에서 새 소리가 난다. 메시지를 확인 해 보니 '이 아무개 권사 딸 이유미 집사 소천. 내일, 주일 오후 예배 후 입관 예배…….' 라는 내용이다. 너무 놀라서 교회로 전화를 해보니 퇴원 후 설암이 재발하여 갑자기 악화되었다고, 장례식장에서 아버지가 너무나 슬프게 운다고 한다.

그럴 리가, 그럴 수가, 그럴 줄 알았으면…….

입관 예배 참석차 장례식장으로 갔다. 영정 사진을 보니 눈물을 참을 수가 없다. 처음엔 주위를 의식하다가 나중엔 아예 손수건을 들고 놓을 수가 없었다. 이럴 줄 알았으면 그때 병원비 지원을 조금 더 할 것을. 퇴원했다고 유미엄마에게 드리지 않고 얼굴 보며 직접 줄 걸…….

엄마의 죽음을 아는지 모르는지 어린 두 아이는 젊은 군인아빠 옆에서 칭얼거린다.

장례식장에서 나오니 하늘은 뿌옇게 흐려있다. 금방이라도 눈이 올 것만 같다. 그때 역정을 내지 말고 서울 사람처럼 다정하게 어루만져주고 걱정해 줄 걸.

"문디 자슥."

염혜순

햇빛 속에서 외 1편

나는요!

글을 거울삼아 들여다봅니다. 세수하고 앉아 머리를 빗듯이 글을 쓸 수 있기를 소망하며 가을을 맞이합니다. 내 속에서 소용돌이치는 말들을 엉킨 머리카락을 풀듯 그렇게 빗어보고 싶습니다. 그저 내 모습인 채로 단정하면 좋겠습니다.

햇빛 속에서

초가을 햇살이 소리도 없이 마루 위로 들어서고 있다. 참 이상하다. 햇살이 비추기 전엔 그늘 속의 그저 그런 마룻바닥이더니 햇빛이 들어선 곳에서는 마루가 빛나며 살아난다. 마치 조명을 받으며 일어서는 무희처럼. 바닥의 먼지까지도 하나하나 빛이나며 움직이기 시작하더니 가늘어 보이지 않던 거미줄도 바람에 흔들리며 춤을 춘다. 햇빛의 마술이 시작된 것일까?

태양이 서쪽으로 고개를 기울이며 깊숙한 집안 까지 햇살을 보낸다. 더 넓은 마루가 일어서서 빛난다. 아무도 오지 않는 주말의 한낮을 마루는 늘 그렇게 햇살을 만나며 춤을 추고 있었던 거다. 그림자놀이를 하듯 빛의 물살에 몸을 흔들며 이렇게 조용히 그 공연을 즐길 수 있는 누군가를 기다렸던가 보다.

눈을 들어 밖을 내다보니 햇빛에 춤을 추는 건 마룻바닥뿐이 아니다. 햇살이 지나가는 모든 곳의 나뭇가지와 나뭇잎들도 바람에 팔랑이며 춤을 춘다. 오래도록 남몰래 연습해 와서 언제나 준비 돼있는 능숙한 춤을. 조명이 비춰지면 저절로 제 속의 음률을 따라 공연을 한다.

길 가의 코스모스도 강가에 피기 시작한 갈대도, 꽃잎을 팔랑이며 은발을 흔들며. 모두 저마다의 몸짓으로 살아나서 늘 자기들을 따스하게 감싸 주는 손길에 감사하는 축제를 연다. 시냇물의 물살 하나, 그 물속의 돌멩이 하나, 풀포기 하나, 그리고 그 사이를 유영하는 물고기 하나에도 햇빛은 무심히 지나질 않는다. 하루만큼의 햇빛이 다 하고 나면 어둠 속에 사라질 모든 사물들을 일일이 일으켜 세우고 빛나는 삶을 부어 주고 간다. 아침부터 저녁까지 주어진 시간만큼 아끼지 않고 사랑하고 가는 햇빛 속을 잠자리도 아기 새도 저어기 구름조차도 빛나며 지나간다. 누가 이 축제 속에서 생물과 무생물을 가를 것인가? 생명이란 살아 움직이는 순간일 뿐인 것을.

무엇일까? 보잘것없는 나의 눈앞에 오늘 이렇게 빛의 축제를 열어 주는 저 햇빛은? 궁금하다. 나는 햇빛을 받으며 저들처럼 기뻐서 춤을 춘 적이 있는가? 매일 뜨는 해님을 반겨 춤추며 사는 이 세상에서 이방인처럼 고뇌하며 웅크리고 지낸 것이 부끄럽다. 저 나뭇잎이라고, 이 마룻바닥이라고, 물속의 돌멩이라고, 가슴속 아린 아픔 하나 쯤 숨겨 두지 않은 것이 있겠는가? 하나같이 타인은 알 수조차 없는 저마다의 사연 속에서도 햇빛을 만나면 빛으로 춤추는 자연의 율례를 나는 이제야 깨닫는다.

삶이 늘 아픔만이 아니건만 나는 햇빛이 비치는 순간에 조차도 춤추지 못하고 살아왔구나. 근심에 싸여, 더러는 슬픔에 싸여, 추운 마음의 냉기에 시달리다가 그 햇빛조차도 누리지 못하고 그렇게 지냈구나. 햇빛은 늘 그렇게 와서 허락된 시간동안 나를 포근히 안아 주고 있었던 것을 나는 무심히 그 햇빛 속을 지나만 간 것 이다. 제대로 머물러 보지도 못한 채.

삶의 그늘 위에서도 내가 늘 여기 있었노라고 말없이 던져 주는 이 황홀한 햇빛의 축제를 나는 오늘 새롭게 만난다. 늘 나를 감싸고 있었을 따스함의 사랑을 만지며 비로소 감사의 춤에 동참하고 싶어진다. 살아있음으로 누릴 수 있는 저 햇살 속에서 반짝이는 무수한 사물들을 향해 나도 손을 흔들며. 행복 하고 싶다. 내 마음의 물살을 출렁이며 나 지금은 무희가 되고 싶다.

초가을 햇살이 지나가는 무대에서 나는 이제 살아 있음을 감사하며 기뻐 춤추려 한다. 내 속에서 숨죽여 부르던 가슴속의 노래를 꺼내 그 가락에 나를 온전히 맡기리라. 비록 그 순간이 지나가 밤이 온다 해도 다시 내일이면 해가 뜰 것을 믿으며 오늘은 새 옷을 걸치고 일어서야겠다. 모르는 사이 내 삶 속에 스며

들어 온 모든 어둠이 사라질 때까지, 그리고 이 햇살이 다 할 때까지, 나는 춤추며 가리라, 햇빛의 축제 속으로. 저 햇빛 속으로.

2012.9.9

예초기가 지나간 자리

누가 풀 보다 더 향기롭게 이별할 수 있을까? 예초기가 지나간 자리에선 풀 향기가 난다. 동강난 풀잎이 여기저기 스러져서 향기로 이별을 말하는데 장마가 잠시 멈춘 여름이 논두렁길을 따라 흔들리며 걸어간다. 풀 향기가 혼자서 그 뒤를 따르고 풀잎은 스러진 채 말이 없다.

보름가량 내리던 비가 오늘은 모처럼 주춤한다. 흙물이 가라앉은 개울가에선 물안개가 연기처럼 솟아오르고 오랜만에 비치는 햇살이 나뭇잎에 부딪치며 반짝인다. 비와서 며칠 손대지 못한 마당에선 어느새 보이지 않던 풀들이 잔디 사이에서 키를 키웠다. 꽃밭 속에서도 달개비며 명아주며 망초며 까마중이 빗물을 마음껏 머금고 신이 나서 자라고 있다. 그새 너무 무성해진 풀의 기세에 눌려 뽑을까 말까 잠시 망설이다 나는 산책의 기쁨을 선택하고 대문 밖을 나섰다.

마을회관 앞 다리가 멀리 보일쯤 갑자기 왜애앵 하는 소리가 내 산책의 평온을 일순간에 흩트려 버렸다. 예초기 소리다. 비 오고 나니 길이고 밭이고 논두렁이고 빈틈 하나 없이 우거져 버린 풀숲에서 밭 이웃인 맹 씨 아저씨가 예초기를 돌리고 있다. 예초기의 위력은 정말 대단하다. 한번 소리 내며 회전하고 지나간 곳엔 허리춤까지 자라있던 풀들이 일순간에 허물어지고 밑동이 잘린 풀들이 힘없이 나뒹군다. 장화를 신은 아저씨의 발이 훤히 들어나더니 조금 전 까진 들어서기도 겁나던 풀숲이 금방 길이 되기도 하고 논두렁이 되기도 한다. 저 요란한 소리만 없다면 무슨 마술을 보는 느낌일 텐데.

예초기가 지나간 길목으로 들어서보았다. 새로 생긴 길을 걷는 것 같다. 아무도 걷지 않은 눈밭을 밟듯 작은 설렘이 일어난다. 가지런히 이발한 풀들이 귀엽다. 단정한 남자 중학생 뒤통수처럼. 잠시 후 발목이 잘려 나간 망초 꽃이 내 발에 차였다. 꽃밭에 철없이 피어나면 그 꽃이 아까워 얼른 뽑질 못하고 망설이던 놈인데. 망초 밭을 만들 수 없어 용기 내 뽑지만 내 꽃밭에서 피지 말고 저 들판에서 피면 좋았을 걸, 미안해서 혼자 중얼거리던 꽃인데. 그 꽃들이 여기서도 지천으로 잘려나갔다. 꽃들은 아직 싱싱한 눈을 하고 나에게 묻는 것 같다. 우린 어디서 피어야 하냐고. 내 설레던 마음이 순간 굳어버렸다. 무어라 답을 해야 하는가? 허리를 굽혀 망초 꽃 몇 송이를 모아들었다. 유리병에 꽂아 두어야 오래가지 못할 것을 뻔히 알면서도. 그것 말고는 내가 해 줄 것이 아무 것도 없다.

멈추었던 발길을 돌이키는데 이게 무엇인가? 코끝에 감겨오는 진한 풀 향기! 가느다란 바람 한 자락에도 가득 묻어오는 향긋한 냄새가 나를 감싼다. 아까부터 내 주변을 가득 채우고 있었던 모양이다. 잘라진 줄기에서 나는 것일까, 아니면 뿌리에 조금 남은 그루터기에서 나는 것일까? 한 몸이던 풀들이 어느 것은 꽃을 달고 어느 것은 뿌리를 달고 예초기 칼날에 흩어져 나뉘었는데 온 몸으로 향기를 뿜는다. 풀꽃의 한 生이 마지막으로 전하는 말과 남은 뿌리가 하고 싶은 말은 소리도 없이 향기가 되어 주변에 넘친다. 풀잎 향기 속에서 나는 풀들의 이별을 보았다. 풀들은 이렇게 이별을 하고 있었구나. 아프다는 아우성도 슬프다는 눈물도 없이 그저 향기 하나로 떠나는 구나.

예초기가 지나간 자리에선 아직도 바람만 불면 풀 향기가 흔들린다. 유리병에 꽂아 둔 망초 꽃은 기운을 잃어 가는데 여름은 다시 비를 뿌리며 남기고 온 뿌리에서 새롭게 풀을 키우려고 서둘러 간다. 흔들리는 여름 속에서도 나는 여전히 알 수가 없다. 나도 누군가에게 향기로 남을 수 있을지가.

풀 향기 속으로 여름은 말없이 걸어가고 있는데.

2013.7.21.

이석용

봄이 가는 풍경 외 1편

나는요!

세월이 흘러도 변하지 않는 꿈을 꾸며 살아가는 소년처럼 아리수 강가에서 서투른 농사를 지으며 수필사랑 회원으로 살고 있습니다. 갈 길이 아직도 멀지만 꿈을 버리지 않고 살겠습니다.

봄이 가는 풍경

설이 되기도 전에 달력에 입춘이 들어 있더니 겨우내 눈과 추위에 시달려온 사람들은 우수와 경칩이 지나도록 봄을 기다려야 했다. 계절은 분명 봄의 문턱을 넘었는데 봄은 아직도 먼 느낌이다. 성급한 동네 아낙들은 양지바른 언덕에 냉이라도 나왔나 하며 땅을 살피며 지나간다.

한반도 남쪽 땅 진해의 화려한 군항제는 벚꽃 축제를 시작하기 전날 비바람이 불어 꽃잎을 모두 날려버려 꽃을 보려고 전국에서 모여든 관광객들을 실망시키며 흐지부지 끝이 났다는 소식이다. 초봄 양평의 찬바람 속에서도 노란 꽃을 피우는 산수유꽃 축제도 비가 내리고 찬바람이 불어 겨울옷에 우산을 든 사람들의 꽃구경이 되고 말았다. 봄꽃을 즐기는 세시 풍습도 시대에 따라 변하겠지만 근년 들어서는 예측할 수 없는 날씨 때문에 올해처럼 봄맞이 각종 축제가 엉망이 될 때도 있을 테니 축제를 기획하는 이들은 날씨에 신경이 쓰일 일이다.

근래 들어 봄꽃 구경을 못하고 지냈는데 지난 3월 일본 여행 중에 규슈 북부의 기타큐슈 시 고쿠라성 벚꽃을 구경했다. 성을 둘러싼 해자의 넓은 둑과 성 마당에 있는 많은 벚나무에 활짝 핀 꽃은 장관이었다. 넓은 마당 꽃그늘에 울긋불긋한 임시 천막 가게에서는 기름 냄새를 풍기며 고기와 생선을 구워 팔거나 어린 아이들의 군것질 거리와 장난감을 팔고 있었다.

주말을 맞아 많은 시민들이 이 벚꽃 축제를 즐기고 있었는데 장난감을 들고 이곳저곳 사람들 사이를 뛰어다니며 노는 어린이들 모습이나 꽃을 배경으로 사진을 찍는 가족들은 우리와 달라 보이지 않았다. 애견가들로 보이는 사람들이 귀엽고 깜찍하게 단장한 애완견들을 데리고 와서 깜찍한 포즈를 취하며 이곳저곳으로 자랑스럽게 행진하는 광경은 흥미로웠다. 시민들이 나무 그늘에 돗자리를 펴놓고 가족과 친지들이 함께 준비해온 음식들을 먹고 마시며 떠들썩하게 벚꽃 놀이를 즐기는 모습은 우리나라의 어느 유원지와 크게 다르지 않았다.

이 모습들은 내게는 별로 낯설지 않고 익숙한 모습으로 느껴졌다.

우리에게도 삼사십 년 전 서울의 봄 풍경이었다. 지금처럼 풍요롭지는 않았지만 그 시절 벚꽃이 필 때면 서울 창경원(지금의 창경궁) 벚꽃 구경은 대단한 봄꽃 축제였다. 밤까지 개장한 벚꽃 놀이는 당시 전기 사정이 어려웠지만 벚나무에 전등을 켜 화려한 밤 벚꽃 놀이를 즐길 수 있었다.

벚꽃 놀이는 서울시민뿐만 아니라 지방에서도 큰 관심거리여서 서울에 볼일이 없어도 이 벚꽃 놀이는 꼭 구경해야 할 행사였다. 당시 휴일이면 가족 친지들과 도시락과 음식이 든 보자기와 돗자리를 들고 전차와 버스로 창경원으로 향했고, 당시 벚꽃 인파는 종로에서부터 원남동 창경원 정문까지 인산인해를 이루었다. 인파에 떠밀려 정문까지 왔어도 입장권을 구하는데 애를 먹었다. 당시 신문에는 창경원 벚꽃 축제 인파 소식이 큰 뉴스거리가 되곤 했다.

만원 버스 속처럼 인파에 시달리는 힘든 벚꽃 놀이었지만 그 시절 가장들에게는 가족들을 위한 자랑스러운 행사였고 아이들에게는 화려한 봄 나들이였다.

일본인들의 벚꽃 놀이를 보고 있자니 가난했던 시절의 창경원 벚꽃 놀이가 생각나 잠시 감회에 잠겨 보았다. 한국보다 일찍 봄이 오는 규슈의 남쪽으로 내려가니 거기는 벚꽃이 눈송이처럼 지고 있었다. 영화 '라스트 사무라이' 의 마지막 장면이 떠올랐다.

찬바람이 불던 이른 봄부터 가슴 설레며 기다렸던 봄은 오월

초순에야 우리 집 앞마당 영산홍의 연초록 잎과 함께 꽃을 피워 냈다. 그러나 날씨는 봄을 잊은 듯 한낮의 볕은 따갑다. 봄날이 가고 있다. 봄이면 부르고 싶었던 봄노래도 불러 보지 못했는데 봄은 가고 있다.

영화에 관한 소소한 이야기

내가 처음 영화를 접한 것은 초등학교 저학년 시절이었다.

당시 해방부터 한국 전쟁을 거치는 동안 뉴스와 홍보를 위한 영화를 본 것이다. 영화가 상영되는 학교 운동장엔 먼지를 뒤집어쓴 아이들이 밤이 되기를 기다렸다. 미국 공보원(USIS) 지프차를 타고 온 기사가 스크린을 설치하면 우리들은 어른들 사이를 비집고 들어가 어른들에게 지청구를 들으며 영화를 보곤 했다. 그때 본 리버티 뉴스에서는 전선에서 치열하게 싸우는 국군과 유엔군의 소식을 흑백 영상으로 볼 수 있었다.

본격적인 극영화를 본 것은 휴전이 된 후였다. 50년 대 중반 사회 전반이 안정되면서 우리 사회는 문화적으로 부흥기에 접어들어 한국 영화와 함께 외국 영화가 들어오면서 지방 도시에도 관객이 늘어난 즈음이었다.

내 위로는 세 명의 누나가 있는데, 그 중 초등학교 초임 교사로 있던 둘째누나를 졸라 따라가서 본 영화들이었다. 당시 지방 도시의 영화관의 시설은 형편없었지만 영화를 좋아하는 사람들에게는 별 문제가 되지 않았다. 부모님이 누나의 보디가드로 나를 선택하셨는지 모르겠으나 누나 손을 잡고 무료로 입장하는 데는 별 문제가 없었다.

1. 영화 '개선문' 과 우울한 세레나데

프랑스 파리가 배경인 이 영화는 당시 미남 배우인 샤를르 보와이에와 잉그리드 버그만이 주연인 비극적인 로맨스 영화였다. 독일 히틀러 시대 망명 작가인 레마르크의 원작 소설을 세계대전 후 영화로 만든 것인데, 나치에게 국적이 박탈된 의사와 역시 불법으로 파리에 정착하여 카페 가수로서 불안한 생활을 하는 남녀가 우연히 만나 경찰에 쫓기는 상황 속에서도 사랑을 키워 간다는 줄거리였다.

우울하게 흐르는 바이올린의 멜로디와 비극적인 사랑의 결말 등은 내 어린 감성으로는 이해가 되지 않았지만, 전편을 흐르는 흑백 화면의 어두운 분위기와 멜로디는 어린 내게도 깊은 인상으로 남아 있었다. 오랜 세월이 흐른 뒤 이 멜로디는 차이콥스키 바이올린 협주곡 '우울한 세레나데' 로 다시 만나게 되었다.

길지 않은 이 음악을 들으며 새삼스럽게 잘 기억나지 않는 영화 줄거리, 그리고 우울한 멜로디와 그 시절 극장 화장실 냄새까지 그리워졌다.

지난 세월 가끔은 파리가 배경인 그림이나 사진을 볼 때에 정확하게는 아니지만 첫 테마에 솔로로 반복되는 멜로디를 흥얼거리며 마음을 우울하게 하는 곡이였다. 지금도 비 오는 날이나 마음이 울적한 날 나는 이 음악을 듣곤 한다. 곡 전체를 흐르는 무거운 테마는 비통함과 우울한 러시아의 정서라고도 한단다.

참고로 나는 대단한 클래식 애호가도 아니며 영화 마니아도 아닌 농부의 삶을 살고 있다. 그래서 어린 시절 보았던 영화의 기억은 음악과 함께 남아 있는 게 아닐까 한다. 이 영화의 자세한 줄거리나 원작자 등은 당시 잘 알지 못했으나 이 글에 쓴 약간 부정확한 정보는 훗날 알게 된 내용임을 밝혀둔다.

2. 웨스트포인트

중학교에 진학한 후로는 영화관의 출입이 자유롭지 못했다. 그러나 가끔 학생들에게 유익한 영화로 선정되면 학교 측은 전교생에게 단체 관람을 시켜 주었다. 당시 단체 관람 요금은 파격적으로 싼 요금으로 부모님도 선뜻 돈을 주시곤 했다. 이런 방법으로 우리들은 영화에 대한 갈증을 풀곤 했다.

유니온 영어 교과서에서 알파벳을 배우던 중학교 일 학년 때에 우리에게 희소식이 전해졌다. 며칠 전부터 길거리에 '웨스트포인트' 란 영화 포스터가 걸렸는데 이 영화를 단체 관람하기로 결정했단다. 우리들은 들뜬 마음으로 그 포스터를 살펴봤다. 군복을 입은 군인들이 나오는데 총을 쏘는 그림은 없었다. 우리들은 액션 영화, 즉 서부극이나 전쟁 영화를 좋아했는데 그 영화는 분명 전쟁 영화 같았다. 그러나 포스터로 만으로는 잘 알 수 없어 전쟁 영화가 맞다, 아니다 로 옥신각신 말이 많았다. 상급생 형을 둔 녀석은 형에게 들었다며 '웨스트포인트' 는 서쪽을 가리킨다는 뜻인데 무슨 영화인지 잘 알 수 없다고 했다며 궁금증만 더했다. 결국 우리는 단체 관람 날이 오기만을 기다렸다. 우리보다 먼저 영화를 본 다른 반 친구들 이야기로는 전쟁 영화인데 싸움 장면은 없어도 재미있단다.

드디어 영화를 봤다. 화려한 총 천연색 영화 '웨스트포인트' 는 서부 영화의 거장 존 포드 감독에 타이론 파워와 모린 오하라가 주연으로, 육군사관학교에서 훈련 교관으로 일생을 근무한 부사관 이야기였다. 궁금했던 웨스트포인트는 미 육군사관학교 이름이었는데 우리는 멋들어진 유니폼과 잔디로 된 넓은 연병장, 깨끗한 체육관이 부럽기도 했다. 미국 사회에서나 허용되는 자유분방한 분위기, 질서 있는 훈련 모습과 책임감, 전쟁에 지원하는 시민들의 모습, 그리고 로맨스는 우리에게는 화려하게 보였다. 이 영화의 자세한 줄거리는 잊었지만 젊은 모습의 주인공이 일생을 근무한 사관학교에서 늙은 하사관으로 은퇴하는 전역식 사열대 단상에 서서 젊은 사관생도들의 열병을 받는 모습과 하기식의 나팔 소리는 기억에 오래도록 남았다.

웨스트포인트를 '서쪽을 가리키다' 는 뜻으로 이해했던 그 시절 우리들의 영화였다.

이순자

대니 보이 외 1편

나는요!

정열의 여름을 배웅하고 가을 들녘을 마중하며
수필사랑 문우들과 아름다운 동행이 되어
글공부를 열심히 하려고요.

대니 보이(Danny boy)

눈이 머무는 곳마다 꽃들은 활짝 웃고 불어오는 싱그러운 바람은 길손에게 꽃잎을 선물한다. 물오른 나무는 푸름을 자랑하고 계곡의 맑은 물소리는 우리를 불러 세운다.

매년 가정의 달 5월에 열리는 용문산 산나물 축제를 찾아갔다. 설레는 마음으로 축제장 입구에 들어서니 취, 더덕, 두릅 등 각종 산나물 향이 몸과 마음을 깨워 준다. 천년고송 은행나무도 볼 겸 축제장 입구에서부터 용문사 까지 걷기로 했다.

낯익은 얼굴이 곳곳에 보인다. 반가운 마음에 부스마다 들르다 보니 산나물 봉지가 양손에 가득 하다. 내가 산 산나물을 친숙한 얼굴을 만나면 기분 좋게 주리라 하고 걷는데 반가운 얼굴을 만나게 되었다. 들고 있던 나물 보따리를 건네주고 나니 몸도 마음도 한결 자유롭다.

일행과 함께 내려오고 있는데 어디서 대니 보이(Danny boy)

를 연주하는 색소폰 소리가 내 발길을 잡는다. 전기에라도 감전된 듯 나는 그 자리에 멈춰 서서 소리가 나는 쪽을 돌아다보았다. 의자 몇 개가 놓여 있는 길 옆 나무 그늘 아래에서 양평군 연예인 협회가 공연을 하고 있었다. 자석에 이끌리듯 난 일행과 멀어져 잔디밭에 앉았다. 대니 보이를 앙코르 곡으로 신청 해놓고 기억도 아득한 아름다운 추억을 더듬으며 옛 생각에 잠겨들었다.

당시, 나는 방년 20세로 초임 발령을 받아 양평 지역에 있는 면사무소에서 사회 업무를 보고 있었다. 사회 초년병으로 사람도 낯설고 업무도 서툴러 집과 어머니가 계신 여주행 버스만 보아도 시야가 흐려지곤 했다. 찝찔한 눈물 맛도 그때 알았다.

추석 명절이 다가와 콩쿠르가 열리고 있었는데 하숙집 아주머니와 그 댁 딸들과 함께 긴 의자를 갖다 놓고 앉아 구경을 했다. 사회자의 호명에 따라 각 동리 대표가 노래를 하고 막간을 이용하여 "우리 지역은 군사 지역인 관계로 00부대에서 찬조 출연을 하기로 했다."라며 사회자가 중위 두 명을 소개 했다. 소개받은 중위 두 사람은 '맹호' 하고 거수경례를 한 뒤 한사람은 색소폰으로 대니 보이를 연주하고 또 한사람은 양손을 바지 주머니에 넣고 허밍으로 따라 했다.

정말 호흡도 척척 맞는 것이 감동 그 자체였다. 노래가 끝나자

마자 여기저기서 요란한 박수 소리와 함께 앙코르를 연호했다. 조금 망설이는 듯 하더니 패티 페이지의 체인징 파트너(Changing Partner)를 연주 하는데 얼마나 황홀하고 멋이 있었는지. 숨이 끊어질듯 이어지는 선율에 난 완전히 넋을 놓고 있었다. 그 모습이 두고두고 눈에 어려 머리가 깨어질 듯 한 심한 가슴앓이로 오랫동안 밤잠을 설치기도 하였다.

그 시절엔 군인들이 농번기 때면 대민 지원을 나왔었다. 모도 심고 논둑이 무너지거나 도로가 유실되면 군인들이 나와 복구를 하였다. 몇 번 군인들을 인솔하고 와 안면은 있었는데 그 멋있는 연주자가 대민 지원 인솔자 일 줄이야…….

가을 추수가 끝나갈 무렵 그 인솔자가 나를 찾아 왔는데 쳐다보지도 못했다. 가슴이 마구 콩닥콩닥 뛰어 바라볼 수가 없었다. "저 우리 부대가 내일 월남으로 떠납니다." 하는데 나는 인사는커녕 대답도 못했다. 그러자 그 인솔자는 "맹호" 하고 씩 웃으며 늠름하게 성큼성큼 걸어 나갔다. 그가 떠나고 난 뒤에야 비로소 깨달았다. 거들떠보지도 않았던 내 자신이 얼마나 후회스러웠는지.

그 후 난 대니 보이만 들으면 가슴 밑바닥에서부터 절절한 그리움이 되살아난다. 그때 그 시절이 오색 무지개가 되어, 젊은 날의 반짝이는 추억으로 가슴에 살포시 내려앉는다.

김장하는 날

황금들판이 허전해지고 마당에 빨간 고추가 안보이기 시작하면 애기 팔뚝만 하던 무는 속도를 내어 몸집을 불려간다. 허리에 짚으로 띠를 질끈 동여맨 배추 또한 질세라 속을 채워간다.

영농이 기계화되기 전까지는 가을 추수 탈곡이 시작되면 이웃이 모여 구수한 배춧국에 겉절이로 식사를 나누며 정을 쌓아갔다. 하지만 영농이 기계화 되면서 그 모습은 슬그머니 꼬리를 감추고 지금은 아름다운 추억으로만 남아있게 되었다. 입동(立冬)이 지나 김장철이 되면 막걸리, 소주와 함께 노란 배춧잎 위에 갓 삶아 김이 모락모락 나는 삼겹살에 속을 얹어 먹는다. 이 맛은 보쌈과는 또 다른 김장철 별미다. 주민 80퍼센트 이상이 농업에 종사하는 전형적인 시골마을이라 몇 십 년씩 한 곳에서 이웃하여 살아왔기 때문에 서로가 가족 같다.

자욱한 아침 안개가 걷히기도 전에 난 고무장갑을 들고 걸음을 재촉한다. 올해(임진년)우리 동네 첫 김장 릴레이가 시작되는 날이다. 늦을세라 서둘러 갔더니 배추는 다 씻어 물이 빠지도록 해 놓고 준비한 양념을 죽 내다 놓는다. 이 댁은 송이버섯, 무, 다시마, 북어, 멸치 등을 넣어 푹 끓인 육수로 준비 했다는데, 어떤 댁은 묽은 곰국을 준비하기도 한다. 무채에 양념을 고루 버무려 주인이 최종 간을 보고 둥그렇게 원을 그리고 앉아 배추 속을 넣는다.

주말에 김장을 하는 댁은 200포기 이상 하신다. 외지에 나가 있는 아들딸에게 줄 노모의 큰 사랑이다. 평소에는 할머니 혼자 큰 집을 지키고 계시지만 이날만큼은 승용차가 7~8대씩 주차되어 있어 큰 마당이 비좁다. 매년 반복되는 일이라 이웃에게 미안한 할머니는 입버릇처럼 올해만 김장을 해주고 내년부터 안 할 거야! 하신다. 매년 듣는 할머니의 립 서비스에 우린 '알았어요! 할머니.' 라고 응수 한다. 하지만 할머니는 봄이 되면 가장 먼저 밭에 씨를 뿌린다. 90넘은 노인의 건망증일까. 평생 해 오신 농사일을 쉽게 접지 못하실 거라는 걸 잘 알기에 아무도 할머니의 거짓말을 믿지 않는다.

뒷정리까지 끝내고 집에 와 TV를 보니 김장철이라서 일까, 부산에 있는 모 대학 교수가 암을 이기는 밥상이란 주제로 김치 예찬을 강의 한다.

땅속에 묻어놓은 항아리 속 김치 맛이 궁금해 뚜껑을 열어 맛을 보니 알맞게 익었다. 이번 주말 내 아이들의 김치 통을 가득 가득 채워 줄 생각을 하니 마음이 흐뭇하다. 항산항심(恒産恒心) 먹을 것이 있어야 윤리도덕이 나온다는 말을 생각하며 문득 달력을 보니 달랑 한 장 남았다.

임진년 올 한해도 저물어 가는데 계획했던 일들을 하나하나 정리해 보니 보완하고 시정할 부분이 많다. 계사년 새해엔 내가 하고 싶은 일과 해야 할 일은 무엇일까?

사람은 늘 처음을 마주하며 살아가고 있다. 나도 어느새 칠순 할머니가 되었지만 항아리 속 묵은 김치같이 깊은 맛을 내며 무엇이든 수용하고 소통하는 멋이 있는 사람이 되리라고 다짐하면서 고단했던 하루를 접고 잠을 청해 본다.